LES NAUFRAGES

LES PLUS CÉLÈBRES

PAR H. PRÉVAULT

LIBRAIRIE DE J. LEFORT

IMPRIMEUR, ÉDITEUR

LILLE | PARIS
rue Charles de Muyssart, 24 | rue des Saints-Pères, 30

LES

NAUFRAGES

LES PLUS CÉLÈBRES

In-12 2ᵉ série.

Assez de monde!... assez!... pas un homme de plus!

H. PRÉVAULT

LES
NAUFRAGES
LES PLUS CÉLÈBRES

SEPTIÈME ÉDITION

LIBRAIRIE DE J. LEFORT

IMPRIMEUR ÉDITEUR

LILLE | PARIS
rue Charles de Muyssart, 24 | rue des Saints-Pères, 30

C'est une curieuse et touchante histoire que celle de ces hommes aventureux, braves et hardis, qui, embrassant du regard l'immensité des mers, se disent sans crainte et sans trouble : « Elle aussi est faite pour moi, » et s'élancent à la conquête de l'inconnu, sur cet Océan dont ils ignorent le fond et les rivages. Là se montre la grandeur de l'homme, roi de la création, dont les éléments sont les serviteurs, dont l'univers entier n'est que le tributaire, et qui, pour triompher de tous les obstacles, semble n'avoir besoin contre eux que d'un acte de sa volonté. Puis, tout à coup, l'orage gronde, les vents mugissent, la mer s'élève, bouillonne, monte jusqu'aux cieux, ouvre ses béants abîmes, profonds comme les enfers, et l'homme, si grand naguère, n'est plus ; il s'efface, il disparaît. Dieu seul reste, pour dire à la tempête : Arrête, c'est assez ! Souple et docile, elle fait place au calme, et les derniers murmures de ses flots qui s'endorment disent à l'univers rassuré : Dieu seul est grand !

Oui, Dieu seul est grand ! Et c'est pour que toutes les âmes répètent ce cri de louange et d'amour que nous offrons aux jeunes cœurs avides du merveilleux les extraits de relations dont l'authenticité ne peut être révoquée en doute. En les lisant, peut-être donneront-ils quelque pitié à de si grandes infortunes, et ce doux sentiment, fils de la charité, suppléera au talent du narrateur qui les rassemble.

LES
NAUFRAGES

LES PLUS CÉLÈBRES

CHAPITRE I

Côtes d'Afrique.

Naufrage d'Emmanuel de Souza.

Emmanuel de Souza, que de longs et loyaux services rendaient cher à son souverain, revenait dans sa patrie avec sa femme, ses enfants et son beau-frère, quand, après avoir atteint le cap de Bonne-Espérance, un ouragan furieux s'éleva tout à coup, et vint jeter un mortel effroi dans tous ces cœurs, qui rêvaient repos, bonheur et joie.

Le pilote et les matelots redoublent d'efforts ; ils tâchent de diriger vers l'Inde le vaisseau que bat et tourmente la tempête. Soins inutiles ; une voie d'eau se déclare. La mort est partout, sur le bâtiment qui crie, se déchire et s'entr'ouvre, dans chaque flot qui passe sur la tête des infortunés qu'il porte. Enfin, le vent du midi le pousse violemment vers la terre ; il échoue, et chacun cherche un moyen de salut dans les frêles embarcations du navire, dans les planches brisées, dans les coffres et les tonneaux, enfin en se confiant aux vagues elles-mêmes, qui, pour plusieurs, ne furent que des tombeaux. Plus de trois cents personnes périrent dans ce désastre.

Les malheureux qui avaient touché la terre, n'é-taient sauvés que d'un péril, et envisageaient avec effroi le sol inculte qu'ils foulaient aux pieds et les rochers arides qui les entouraient de toutes parts. Souza, oubliant ses propres besoins, ne s'occupait que du triste état des siens. Sa femme, ses enfants, ses serviteurs étaient tour à tour l'objet de sa sollicitude. Il fit allumer de grands feux pour les sécher et les préserver du froid, veilla au pansement de leurs blessures, et leur prodigua les plus pieuses et les plus tendres consolations.

Après bien des recherches, on découvrit quel-ques sources d'eau douce, et les naufragés firent là une espèce de campement, afin de reprendre un peu de force. Puis, les provisions se trouvant près d'être épuisées, il fallut partir. Partir ! de quel côté ? Souza proposa de suivre la côte jusqu'au fleuve

Saint-Esprit, où les Portugais avaient des comptoirs. Ses compagnons, animés par son courage, soutenus par sa piété, jugèrent de le suivre partout où il voudrait les conduire ; et invoquant Dieu, la triste caravane se mit en route sous sa puissante garde.

Arrêtés par des rochers inaccessibles, par des torrents grossis, obligés de se nourrir d'herbes et de fruits sauvages, les infortunés, après quatre mois de marche, arrivèrent enfin sur les bords du fleuve tant désiré. Un chef du pays les renseigna et leur donna l'hospitalité ; mais il les prévint en même temps que son voisin, prince fourbe et avide, était pour eux un ennemi redoutable. Pressés de revoir leurs compatriotes, ils négligèrent ses avis, et passèrent le second bras du fleuve, pour se rapprocher des établissements portugais.

Dès le lendemain, deux cents Cafres vinrent à eux sans apparence aucune d'hostilités, et bientôt un échange amical de quelques morceaux de fer contre des vivres que la disette rendait précieux, convainquit les Portugais de la bonne foi de ce peuple.

Engagés par les Cafres à se rendre près de leur chef, Souza et ses amis acceptèrent avec joie et les suivirent sans défiance. Arrivés à peu de distance du lieu où résidait le roi, celui-ci fit désigner, comme halte des naufragés, une riante oasis couverte d'une épaisse et fraîche verdure. Pour ceux-ci, c'était le ciel après l'enfer ; et Souza, au nom de tous,

fit demander au chef la permission de construire
là quelques cabanes pour y attendre l'arrivée des
négociants de Soffala.

Le roi accorda la permission demandée, à la
condition toutefois que les Portugais, en garantie
de leurs intentions paisibles, lui feraient remettre
leurs épées et leurs armes, dont ses sujets avaient
une extrême frayeur. Cette réponse était accom-
pagnée d'un convoi considérable de vivres.

M. de Souza ne put croire à une trahison et
remit le premier ses armes. Tous ses compagnons
imitèrent son exemple.

Alors les Cafres poussèrent de grands cris, s'em-
parèrent des débris de fortune que les Portugais
avaient sauvés avec tant de fatigues, et leur ôtèrent
jusqu'à leurs vêtements, égorgeant avec cruauté
tous ceux qui osaient faire quelque résistance.

Mme de Souza luttait avec courage, mais le
nombre l'emporta. La pudeur, alors plus forte que
la nature elle-même, lui inspira de se jeter dans
un fossé qui était à quelques pas, et de s'ensevelir
dans le sable. « Allez, disait-elle à quelques Portugais qui ne voulaient point la quitter, je ne
sortirai point d'ici; pensez à vous, et dites dans
notre patrie, si Dieu vous permet de la revoir,
dans quel abîme de maux nous ont plongés nos
péchés et la juste colère du Ciel. »

Les sanglots coupèrent sa voix; mais ses regards

se fixaient avec amour sur ses enfants et sur son mari, qui, en proie à la plus affreuse douleur, semblait ne rien voir autour de lui. Enfin il parut se réveiller de cette triste léthargie, et se mit à courir pour chercher un peu de nourriture pour sa femme et ses enfants.

Les Cafres s'étaient retirés, emportant leur butin et leurs vivres. Le désert, nu et brûlé, n'offrait rien à cet époux, à ce père au désespoir.... Souza revint : ses compagnons avaient fui ; il était seul, bien seul, car la douleur et la soif avaient tué sa femme et ses enfants.... Ses bras ne pressaient plus que des cadavres !

Le malheureux Emmanuel eut le courage de confier ces restes chéris aux sables du désert, qu'il mouilla de sés larmes ; puis ce pieux devoir rempli, il s'enfonça dans ces vastes et brûlantes solitudes, où sans doute il mourut, car jamais on ne fut instruit de son sort.

De plus de deux cents personnes dont se composait la caravane en partant de la côte pour le fleuve Saint-Esprit, il n'en restait que vingt-six, dont les Cafres finirent par faire autant d'esclaves. Ces malheureux furent rachetés par un marchand portugais, et lui dûrent la vie que tant de maux eussent éteinte peu à peu. Le beau-frère d'Emmanuel, Pantaléone, se trouva du nombre, et mourut à Lisbonne dans un âge très avancé.

CHAPITRE II

Côtes d'Afrique.

Naufrage d'Occum-Chamnam, par le P. Tachard, jésuite (1).

Le roi de Siam, pour répondre à l'honneur qu'il avait reçu d'une ambassade envoyée à sa cour par le roi de Portugal, fit partir pour Lisbonne trois grands mandarins et six autres d'ordre inférieur, afin d'offrir au monarque portugais ses hommages et ses présents. Ils mirent à la voile de la rade de Goa, le 27 janvier 1786.

« De cette époque au 27 avril, dit un mandarin, notre traversée fut heureuse. Seulement, depuis trois jours, on voyait la terre en avant un peu sur la droite. On crut la reconnaître pour le Cap de Bonne-Espérance, et on navigua de ce côté.

(1) Ce pieux missionnaire écrivit, d'après le récit d'Occum-Chamnam lui-même, la relation dont est tiré cet extrait.

» Au bout de trois heures, certain d'avoir doublé le Cap, le capitaine ne plaça personne en sentinelle sur les vergues. Les matelots de quart veillaient et s'entretenaient ensemble avec cette gaîté douce qui naît de la sécurité. Seul entre tous, agité par de sombres pressentiments, j'étais monté sur le pont. Le navire volait sur les eaux, et je suivais du regard son vol rapide, quand j'aperçus une ombre épaisse qui se projetait à notre droite. J'avertis le pilote, et au même instant on cria de l'avant : « Terre, terre, devant nous ! Nous sommes perdus ! Virez le bord ! »

» En suivant cette manœuvre, le navire, trop près de terre, donna de la poupe sur les rochers et perdit son mouvement. On coupa les mâts, on voulut décharger le vaisseau, mais on n'en eut pas le temps. Des montagnes d'eau le soulevaient jusqu'aux nues et le laissaient retomber avec tant de force qu'il craquait à chaque secousse et faisait eau de toutes parts. Elle fut bientôt sur le second pont à la hauteur de la ceinture.

» Nous nous réfugiâmes tous sur le tillac. Les cris de désespoir couvraient le fracas du vaisseau qui se rompait et le mugissement même des vagues. A genoux, debout, les bras levés au ciel, tous nous implorions sa merci, tous nous lui demandions pitié. Des pièces du navire brisé on se fit des radeaux pour tâcher d'échapper à la mort. Le second ambassadeur, chargé de la lettre du roi, s'élança à la mer ; je l'y suivis, et nous arrivâmes à terre presque en même temps.

» Nous nous trouvâmes à peu près deux cents sur le rivage. Quelques Portugais avaient emporté avec eux des armes et de la poudre, qui nous furent d'une grande utilité.

» Le surlendemain de notre naufrage étant un dimanche, les Portugais firent pieusement leurs prières, et nous nous dirigeâmes vers le cap de Bonne-Espérance, dont le capitaine assurait que nous n'étions éloignés que de vingt lieues.

» Sur cette assurance, on laissa le peu de vivres qu'on avait apportés du vaisseau, pour que ce fardeau ne retardât point la marche. Mais la fatigue était plus forte encore que la faim, et nous n'avancions qu'avec peine dans les bois épais de ces contrées. Notre premier ambassadeur tomba malade, et les Portugais prirent les devants. Nous nous partageâmes alors en trois troupes, dont la première, qui suivait immédiatement les Portugais, avertissait les deux autres de leurs mouvements par des signaux convenus.

» Un jour, en arrivant près des nôtres, nous apprîmes d'eux que les Portugais n'avaient pas voulu nous attendre. Alors l'ambassadeur nous ordonna de le laisser, d'aller rejoindre les Portugais, et arrivés aux possessions hollandaises, de lui envoyer quelques vivres et un moyen de transport. Nous obéîmes avec beaucoup de douleur, laissant près de ce cher malade le fils d'un autre mandarin qui ne voulut pas se séparer de lui, et un fidèle domestique décidé à se sauver où à mourir avec son maître.

» Après deux heures de marche à travers des bois et des rochers qui ensanglantaient nos pieds, nous rejoignîmes les Portugais, heureux de trouver là, non des vivres pour nous rendre des forces, mais seulement un peu d'eau pour étancher notre soif.

» Depuis cinq jours, nous marchions soutenus par l'espérance, quand tout à coup plusieurs hommes se montrèrent assez loin de nous. Notre joie fut indicible, mais elle dura peu ; car, au lieu des Hollandais que nous espérions, nous nous trouvâmes en présence de pauvres Hottentots, qui ressentirent à notre approche une crainte égale à celle qu'ils nous inspiraient.

» Pour quelques pièces de monnaie, les Portugais obtinrent un bœuf de ces misérables sauvages. Mais ils ne voulurent pas nous permettre de toucher à ce précieux bienfait, et nous ressentîmes plus horrible la faim qui nous dévorait, en voyant si près de nous les aliments dont ils se rassasiaient.

» Pour des petits ouvrages d'or qui valaient plus de cent pistoles, le mandarin mon ami obtint un quartier de mouton, que nous dévorâmes à demi cru et qui ne fit qu'aiguiser notre appétit. Nous fîmes griller la peau du bœuf que j'avais vu jeter par les Portugais. Enfin, pour les boutons d'or de mon habit, au lieu d'un mouton que j'espérais, je me vis apporter, par le Hottentot qui les avait reçus, la valeur d'une tasse de lait.

» Le lendemain, nous tînmes conseil, et comme le capitaine déclara qu'il s'était trompé et qu'il ne savait où nous étions, tous opinèrent pour qu'on ne s'enfonçât plus dans les terres et qu'on suivît la côte, où les coquillages pouvaient nous mettre à l'abri de la faim, et où l'influence des rivières et des ruisseaux nous laissait espérer de moins souffrir la soif.

» Nous trouvâmes une petite île couverte de moules et riche d'une source de bonne eau. Nous fîmes là une halte d'un jour, réparant nos forces par le repos et la nourriture. Là mourut un de nos mandarins, que la faim avait peu à peu dévoré, et qui expira sans que personne entendît sortir une plainte de sa bouche.

» Nous quittâmes l'île, emportant chacun un arbre assez fort, creux et percé par les deux bouts, que nous avions fermé par en bas et rempli d'eau pour la provision du jour. Une pluie épaisse et glacée vint ajouter sa part aux souffrances que nous endurions ; et le lendemain, après une nuit horrible, quand, transis de froid, à demi morts de faim, nous nous réjouissions de voir paraître le jour, nous nous trouvâmes seuls dans ce désert. Une fois encore les Portugais nous avaient abandonnés.

» Notre second ambassadeur ranima le courage de tous. Il nous rappela qu'un devoir sacré, le soin de la lettre de notre auguste maître, nous ordonnait de vivre; il nous rappela de quels respects il l'avait toujours entourée, comme il l'avait portée avec amour et vénération, et nous exhorta à continuer son œuvre, de telle manière que si personne d'entre nous ne devait arriver au Cap, ce legs sacré passât de main en main jusqu'au dernier Siamois qui l'entourait avec respect.

» Ce fut comme une voix du ciel qui nous rendait au sentiment de la vie, et nous suivîmes la côte pour chercher les Portugais.

» Un bas que nous trouvâmes un peu plus loin, puis plus loin encore le cadavre d'un de nos interprètes, devinrent pour nous des preuves irrécusables du passage de ceux que nous cherchions. Nous trouvâmes une de leurs boites à poudre, et nous nous en servîmes pour allumer du feu. Mes pieds étaient tellement enflés que je ne pouvais plus mettre mes souliers; j'en séparai toutes les pièces, nous les fîmes griller et nous les mangeâmes avec avidité.

» A demi morts de faim, voyant que nous ne pouvions rejoindre les Portugais, n'ayant devant nous qu'une montagne très rude et un marécage coupé par des bras de rivière, nous résolûmes de retourner dans la petite île où nous avions trouvé des ressources contre la faim et la soif, et nous la revîmes au bout seulement de trois jours de marche, tant était vif notre désir d'échapper à la mort de la faim !

» Mais, hélas! cette île n'était qu'un rocher assez élevé, de forme ronde, que la mer envahissait et qui avait à peine cent pas de tour. Le froid et l'humidité nous faisaient horriblement souffrir, et quand la fiente d'éléphant vint à nous manquer pour notre feu, nous fûmes obligés d'abandonner ce lieu secourable. Alors nous nous décidâmes à retourner vers les Hottentots, et à mettre à la discrétion de ces barbares les restes d'une vie qui nous avait déjà coûté si cher.

» Nous prîmes des moules et de l'eau, et nous nous remîmes de nouveau en marche. Le lendemain, à notre grande surprise, trois Hottentots accoururent vers nous en criant de toutes leurs forces *Hollanda ! Hollanda !* et nous faisant signes de les suivre. C'était peut-être une trahison, mais pouvait-il nous arriver rien de pis que ce que nous avions déjà souffert?

» Nous échangeâmes avec nos guides six boutons en or contre un quartier de mouton, et après ce repas, nous les suivîmes. Mais après avoir passé la nuit au pied d'une colline, sept d'entre nous ne purent faire usage de leurs jambes, et là encore eut lieu une déchirante séparation.

» Nos guides étaient peu patients et s'ennuyaient fort de la lenteur de notre marche. Enfin un seul resta près de nous, et les deux autres prirent les devants avec une extrême diligence.

» Pendant six jours entiers que nous le suivîmes avec une fatigue et des souffrances inouïes, nous ne vivions que de nos moules séchées et des feuilles de quelques petits arbustes d'une aigreur repoussante Nos ressources s'épuisèrent, et sans quelques insectes noirs que nous trouvions sur la fiente des éléphants et que nous mangions grillés, nous aurions succombé aux horreurs de la faim !

» L'espérance devenait insuffisante à nous soutenir, quand, le sixième jour de notre rencontre avec les Hottentots, nous vîmes s'avancer vers nous les deux sauvages qui nous avaient quittés, accompagnés de deux Hollandais, qui s'informèrent des ambassadeurs du roi de Siam et nous firent les plus grandes civilités.

» Ces bienfaisants libérateurs avaient chargé de vivres les Hottentots qui les accompagnaient pour apaiser nos premiers besoins. A cette vue, des pleurs de reconnaissance coulèrent de nos yeux, et nous donnions le doux nom de pères à nos généreux bienfaiteurs. Notre faiblesse était si grande que nous ne pouvions nous soutenir, et les bons Hollandais s'empressèrent d'envoyer chercher des charrettes et des chevaux pour nous conduire à leur habitation. Là, étendus sur une paille molle et fraîche, nous goûtions les douceurs d'un sommeil que ne troublaient plus les craintes de souffrances nouvelles et de nouveaux dangers.

» Nos bienfaiteurs envoyèrent les mêmes secours aux sept Siamois que nous avions été contraints d'abandonner en chemin. Nous les quittâmes, après en avoir reçu de nouveaux témoignages de bonté, et nous fûmes conduits au cap avec tous les honneurs dus aux mandataires d'un puissant monarque.

» Les Portugais, arrivés à la forteresse hollandaise huit jours avant nous, avaient enduré des peines et des souffrances plus cruelles encore que les nôtres. Le récit que nous en fit un Père de l'ordre de Saint-Augustin nous fit verser sur eux des larmes de pitié. Après un séjour de quatre mois, nous quittâmes le cap pour nous rendre à Batavia.

» Nous restâmes six mois dans cette ville, et après une heureuse traversée, nous revînmes à Siam, où le roi notre maître nous reçut avec la plus touchante bonté. Il daigna nous témoigner lui-même la part qu'il prenait à nos longs malheurs, et sa munificence se chargea de notre fortune. »

CHAPITRE III

Côtes d'Afrique.

Naufrage du *Groswenor* sur la côte de Natal (Cafrerie maritime), le 4 août 1782.

Le vaisseau anglais, *Groswenor*, avait quitté l'île de Ceylan pour revenir en Angleterre. Il voguait avec peine par un vent fort et contraire, quand des matelots occupés à une manœuvre crurent apercevoir non loin du navire une terre bordée de brisants. L'officier de quart, averti par eux, ne fit que rire de leurs craintes ; mais le capitaine, informé de ce qui se passait, et reconnaissant le danger, ordonna de virer en arrière. Le bâtiment vira ; mais avant que ce mouvement fût achevé, sa quille toucha, et matelots et passagers, saisis d'une juste frayeur, furent en un moment sur le pont. Le péril était imminent ; nulle chance de salut ne restait au navire, il était perdu.

Aux cris du désespoir, à la confusion, au désordre que produit la vue d'une mort inévitable, succédèrent ces pensées de conservation dont on ne peut se défendre, même sous la conviction de leur inutilité. On se hâta de construire un radeau avec tout ce qu'on put trouver, et l'espérance, cette amie fidèle du malheur, vint apporter ses douces illusions aux pauvres naufragés.

On amena le radeau à l'arrière du navire, afin que les femmes et les enfants pussent y descendre par les écoutilles. Quatre matelots les y aidaient ; la violence des vagues fit chavirer le frêle esquif, et trois des matelots furent noyés.

Ballotté par les flots, le radeau atteignit le rivage; mais bientôt un affreux craquement se fit entendre dans le bâtiment, et il se sépara en deux un peu en avant du grand mât. Les malheureux restés à bord se réfugièrent sur la dunette, qui se détacha de l'avant et flotta dans une eau peu profonde. Un vent providentiel poussa cette partie du bâtiment vers la terre, où tous les naufragés abordèrent, bénissant le Dieu qui les arrachait à la mort.

A l'aide du feu qu'avaient laissé sur le rivage les naturels du pays, et de quelques provisions qui y furent poussées, les naufragés firent un triste repas, et passèrent une nuit horrible, dans la crainte continuelle où les tenait la cruauté bien connue des

Cafres. Ceux-ci pourtant ne leur firent aucun mal, et se contentèrent de piller tout ce qui se trouva à leur convenance.

Le lendemain, le capitaine proposa aux naufragés de se rendre par terre au Cap, dont on n'était, d'après ses calculs, éloigné que de quinze ou seize journées de marche. Ces paroles rendirent à tous le courage et l'espoir. On accorda unanimement au capitaine le commandement de la caravane, et on se mit en route sous sa conduite, le 7 août 1782.

Les naufragés furent suivis par quelques Cafres, qui leur prirent tout ce qui leur convenait et leur jetèrent des pierres. Plus loin, ils rencontrèrent un Hollandais réfugié chez les sauvages à cause de plusieurs meurtres qu'il avait commis, et qui leur représenta de quelles insurmontables difficultés se hérissait le voyage qu'ils voulaient entreprendre. De nombreux déserts, des bêtes féroces, des sauvages plus féroces encore devaient à chaque pas leur offrir de nouveaux dangers. Si décourageantes que fussent ces paroles, elles ne purent cependant arrêter ces infortunés, et ils poursuivirent leur route.

Ils eurent à livrer aux Cafres plusieurs combats, où souvent ils éprouvaient de grands dommages. A une trêve conclue succédait bientôt une guerre nouvelle. Pillés chaque fois, les Anglais se virent dépouillés avec une exigence toujours croissante ; et non contents de leur enlever leur or et leurs bijoux, les barbares les privèrent de leur briquet, trésor plus précieux dans leur situation que toutes les richesses du monde entier.

Des murmures s'élevèrent dans la troupe désolée; une séparation devenait urgente. Quinze personnes s'attachèrent au capitaine, et quelques matelots restèrent avec elles. Quarante-trois autres passagers et gens de l'équipage prirent les devants, emmenant avec eux un jeune enfant de sept à huit ans, nommé Law, qui pleurait avec amertume en voyant un des passagers qui l'aimait sur le point de le quitter. Malgré la discorde qui régnait entre les passagers, ils éprouvèrent une vive douleur en se séparant, et la joie fut vive dans les deux troupes quand un retard occasionné par l'attente du reflux d'une rivière permit au capitaine et à ses amis de rejoindre ceux qui les avaient précédés.

Ils marchèrent de nouveau tous ensemble, et arrivés à un grand village où ils trouvèrent le Hollandais réfugié, il leur montra sa femme et son enfant, leur donna des avis pour la continuation de leur voyage et leur indiqua leur route. Ils le remercièrent et partirent. Arrivés vers midi dans un village où ils furent maltraités par les habitants, et voyant que leur nombre impuissant à résister aux naturels suffisait pour les inquiéter, ils résolurent de se séparer encore; mais cette fois ce fut pour toujours.

Après des souffrances inouïes, épuisés de fatigues, à demi morts de faim, les malheureux Anglais arrivèrent dans de belles plaines qui leur firent croire qu'enfin ils approchaient du terme de leur misère. Des avis se partagèrent sur la route à suivre : plusieurs, MM. William, Taylor, le capitaine Talbat, son patron de canot, le matelot Hynes et vingt-cinq de ses camarades voulurent pénétrer dans l'intérieur des terres ; MM. d'Espinette et Oliver, leurs domestiques, le charpentier, le munitionnaire, le tonnelier, vingt-quatre matelots et le jeune Law suivirent le rivage.

En gravissant une montagne rapide, le capitaine Talbat s'assit pour se reposer, ses compagnons l'imitèrent ; mais la lassitude le contraignit à se reposer si souvent qu'ils le laissèrent en arrière. Son fidèle patron, ne pouvant supporter de voir son maître ainsi isolé, retourna près de lui ; on le vit s'asseoir à ses côtés. Mais ni l'un ni l'autre ne rejoignirent leurs compagnons attristés.

La seconde troupe n'avait pas trouvé plus de ressources en suivant la côte. Le charpentier était mort empoisonné par des fruits que la faim lui avait fait manger. MM. d'Espinette et Oliver étaient restés en arrière, accablés par la fatigue. Le jeune Law avait supporté miraculeusement cette marche forcée, et sa santé n'avait souffert aucune atteinte. Maltraités par les naturels, dépouillés de tout, ils étaient au comble du découragement, quand ils rencontrèrent ceux qui les avaient quittés pour suivre les terres. La joie fut égale des deux côtés, et le sentiment du désespoir s'amortit sous l'impression d'une amitié que rendaient plus vives les mêmes malheurs et le même danger.

Une baleine morte, quelques coquillages éloignèrent d'eux la mort de la faim, et leur fournirent des provisions qui accélérèrent leur marche pendant quatre jours. Une rivière vint les arrêter. Hynes et dix autres la passèrent à la nage, trouvèrent du bois, des coquillages et de l'eau. Ils attendirent deux jours leurs compagnons, et voyant l'inutilité de cette attente, ils partirent.

Les retardataires les rejoignirent au bout de quatre jours. Cinq d'entre eux étaient morts ! Le munitionnaire, qui commandait la troupe depuis que le charpentier n'existait plus, entourait le pauvre petit Law de ses soins paternels. Il allégeait ses fatigues, le caressait avec amour et se privait pour lui d'une partie de sa nourriture. Quel généreux dévouement, et qu'il devenait sublime dans une situation où l'égoïsme devait se trouver développé avec tant d'énergie par l'instinct de sa propre conservation !

Ce pauvre enfant montrait un courage héroïque : dans les chemins unis, il marchait du même pas que les hommes ; il priait souvent et ne se plaignait jamais. Dans les terrains sablonneux, dans les lianes

et les herbes hautes, chacun le portait à son tour
et de bon cœur. C'etait la bénédiction du voyage et
de l'exil.

Tantôt séparés, tantôt réunis, les malheureux
naufragés se voyaient chaque jour en butte à de
nouvelles misères. Quelquefois les sauvages leur
donnaient des aliments ; les femmes, toujours plus
compatissantes, un peu de lait pour l'enfant ; mais
le plus souvent, presque toujours, de mauvais traitements, des injures étaient tout ce que leur malheur
obtenait de ces barbares.

Le tonnelier était mort, et son corps, pieusement
enterré par ses camarades, avait été déterré et dévoré
par une bête féroce dont les pas étaient empreints
dans le sable.

Le munitionnaire et son petit protégé sentirent les
atteintes d'une indisposition grave, et d'un commun
aveu leurs compagnons résolurent de demeurer avec
eux un jour entier. Le lendemain tout était prêt
pour le déjeuner, et Law dormait encore étendu près
du feu, où toujours ses protecteurs lui faisaient la
meilleure place. Ils s'approchèrent de lui pour le
réveiller ; mais l'âme du courageux enfant avait pris
son vol vers le ciel ; épuisé de fatigues, sans laisser
échapper un murmure, sans proférer une plainte,
il était retourné à Dieu, qui lui donnait son repos
éternel pour prix de ses douces vertus.

La douleur de tous, celle surtout du bon munitionnaire, ne saurait se décrire. Il aimait si tendrement le pauvre petit être qui n'était plus, que son courage et ses forces semblaient ensevelis avec lui. Tous donnèrent au cher enfant de sincères regrets, de pieuses prières, et entraînant comme malgré lui son père adoptif, ils continuèrent leur triste voyage.

Au bout de deux heures de marche, un matelot nommé Fitzgerald demanda une coquille pleine d'eau et la but avec avidité. Il supplia Hynes de lui en donner une seconde, l'obtint ; puis, après l'avoir prise plus avidement encore, il se coucha à terre et expira à l'instant. Vers quatre heures, un autre matelot, William Fruel, s'assit au bord de la mer ; il demandait à boire ; ses camarades le quittèrent pour chercher de l'eau, mais inutilement. Quand ils revinrent où ils l'avaient laissé, le malheureux n'y était plus ; une bête féroce l'avait enlevé !

Depuis deux jours ils manquaient d'eau, et leur langue desséchée ne pouvait plus articuler une parole. Ils furent réduits à boire leur urine. Le bon munitionnaire et un matelot moururent ; puis, le lendemain, un autre, après avoir fait quelques cents pas, ne put aller plus loin. Ses compagnons lui serrèrent tristement la main, le recommandèrent à Dieu et le laissèrent mourir seul.

Hynes, Evans et Wormington survivaient seuls à tant de misères. Ce dernier supplia ses camarades de tirer au sort lequel d'entre eux serait tué, pour que

les deux autres puissent sauver leur vie en buvant
son sang. Hynes, réduit à une faiblesse extrême,
pleura beaucoup à cette proposition, mais il ne voulut pas y consentir. Puis, comme Wormington ne
pouvait plus marcher, Hynes et Evans le quittèrent.
Alors le malheureux les rappela et voulut les suivre;
mais il tomba, et enfonçant sa main droite dans le
sable, il s'étendit le long du rivage.

Presque aveugles, presque idiots, Evans et Hynes
aperçurent au loin des objets mouvants qu'ils crurent
être de grands oiseaux : c'étaient des hommes, des
matelots de la troupe du munitionnaire. Un d'entre
eux, nommé Price, vint leur annoncer qu'il leur
donnerait de l'eau. Cette seule promesse leur rendit
la vie.

Les infortunés que retrouvaient Evans et Hynes
avaient aussi cruellement souffert, et allaient se
nourrir de la chair d'un de leurs compagnons morts,
quand la Providence fit échouer près d'eux un jeune
phoque, dont la chair leur épargna cette horrible nécessité. Dodge, Price, Leary et Delasso, c'étaient les
noms de ces malheureux, avaient vu périr tour à tour
tous leurs compagnons d'infortune. Heureux de retrouver encore quelques amis, ils coururent à Wormington, le trouvèrent vivant encore, et l'amenèrent
au lieu de la petite caravane, composée alors de
sept hommes, dont un, Dodge, fut dévoré le lendemain par les bêtes sauvages en s'éloignant de ses amis.

Les six naufragés continuèrent leur route, bénissant Dieu de leur avoir conservé leur triste vie, que l'homme, fait pour l'immortalité, préfère à tous les autres biens. Ils parcoururent un pays désert où nulle trace d'habitation ne consolait leurs regards; ayant trouvé une baleine morte, ils la dépecèrent et en emportèrent des morceaux, voulant ne s'arrêter que dans un endroit où se trouverait de l'eau douce. Un petit bois qu'ils atteignirent bientôt leur offrit cette ressource précieuse.

On campa dans ce lieu béni, et le lendemain quatre hommes retournèrent à la baleine pour renouveler les provisions. Delasso et Price restèrent pour prendre soin du feu.

Price alla dans le bois chercher des branches pour alimenter ce feu protecteur qui devait les préserver des bêtes sauvages en même temps qu'il réchaufferait leurs membres engourdis. Il vit à peu de distance deux hommes armés de fusils qui semblaient l'observer. Il se hâta de retourner vers le feu; les deux hommes l'y suivirent.

Ils appartenaient à un établissement hollandais peu éloigné. L'un d'eux, Portugais, finit par comprendre le récit incohérent de Delasso, qui était Italien; il le pria de le conduire près de ses camarades, qu'il trouva occupés à dépecer la baleine.

Battorès, ainsi se nommait ce bon colon, leur dit de jeter toute cette chair, et leur promit de meilleurs

aliments. Quelle joie pour ces malheureux! une
créature humaine leur venait de la part de Dieu!
Arrivés à la maison de Battorès, sa générosité pourvut à tous les besoins des naufragés, qui, dans
l'excès de leur joie, semblaient avoir perdu la
raison. Quand ils furent plus calmes, ils apprirent
qu'ils se trouvaient à quatre cents milles du cap de
Bonne-Espérance.

Le propriétaire de la maison habitée par Battorès,
nommé Roostoff, vint au secours des malheureux
naufragés et les traita avec une bonté paternelle.
Depuis longtemps les pauvres gens ne comptaient
plus les jours. Sur un bâton qu'un d'eux portait, ils
avaient marqué par des entailles égales les jours de la
semaine, et par une plus grande chaque dimanche,
qu'ils sanctifiaient de leur mieux par la prière. Mais
ce bâton s'était perdu et leur avait échappé quand
ils passaient une rivière profonde et rapide, et depuis, jours, semaines, mois s'étaient écoulés sans
compte. Ils apprirent chez Battorès qu'on était au
29 novembre. Le naufrage du *Groswenor* ayant eu
lieu le 4 août, ils avaient mis cent dix-sept jours à
leur pénible voyage, au milieu de dangers inouïs et
de maux incroyables. Leur salut tenait du miracle,
et eux aussi disaient dans l'effusion de leur reconnaissance : « Dieu seul est grand! »

Le gouverneur du Cap eut l'humanité d'envoyer
une expédition à la recherche des autres naufragés

du *Groswenor*. On rencontra trois matelots, sept Lascars et deux négresses. La mort ou l'esclavage avaient décidé du sort des autres, et de cent trente-quatre personnes qui avaient gagné la terre après le naufrage du *Groswenor*, dix-huit seulement étaient sauvées. »

Les Lascars furent retenus à Iwellendam, et les Anglais envoyés au Cap ; après avoir subi un long interrogatoire de la part du gouverneur, ils obtinrent la permission de revenir en Europe sur un vaisseau danois, et saluèrent avec joie cette terre natale qu'ils n'espéraient plus revoir.

Une seconde expédition fut envoyée à la recherche des autres naufragés et n'obtint que la certitude de leur perte ; elle se rendit au lieu du naufrage, situé à quatre cent quarante-sept lieues du Cap et à quatre journées seulement de Rio-de-Lagoa.

Les Cafres, étonnés de voir les Hollandais venir de si loin à la recherche des naufragés, promirent que si un pareil accident arrivait de nouveau, ils secourraient et protégeraient ceux qui en seraient victimes, à la condition d'obtenir, en échange de leurs soins, du cuivre, des verroteries et du fer. On le leur promit solennellement, et des deux côtés cette promesse fut religieusement tenue.

CHAPITRE IV

Côtes d'Afrique.

Extrait du naufrage du navire américain *l'Hercule*,
sur la côte de Natal (Cafrerie maritime), en juin 1796.

Quatorze ans après le naufrage du *Groswenor*
sur la côte de la Cafrerie, de nouveaux infortunés
venaient y demander à la terre un abri contre la
fureur des flots, au Ciel une bénédiction, aux
hommes une pitié que naguère d'autres avaient
implorée en vain.

Depuis huit jours les vents et la mer ballotaient
sans relâche le beau navire américain *l'Hercule*. Des
lames houleuses le couvraient à chaque instant, et
un travail continuel ne pouvait le préserver d'une
submersion complète ; la mort était imminente, et
le désespoir remplissait tous les cœurs.

Le charpentier et un grand nombre d'autres

hommes de l'équipage, voyant que tout espoir était perdu, vinrent supplier le capitaine Stout de quitter le navire qu'on ne pouvait sauver; mais ce brave officier ne voulut céder à aucune instance, et menaça même de faire jeter à la mer quiconque cesserait un seul moment, pour réitérer de pareilles instances, de travailler au salut de tous.

Le capitaine tint conseil, et tous les officiers furent d'avis qu'il était impossible de sauver le navire, et qu'il n'y avait plus d'espérance qu'en courant sur la terre qui ne pouvait être éloignée. En effet, on la reconnut bientôt à une distance de six lieues environ, et les cris de joie de l'équipage bénirent Dieu de cette apparition tant désirée.

Le navire s'avançait vers la côte courant risque d'être anéanti par chaque lame qui se brisait contre ses flancs. La chaloupe et un radeau construit avec des peines infinies avaient été emportés bien loin du vaisseau. Douze hommes qui avaient aperçu à terre un grand nombre de naturels, se mirent à la mer sur des pièces de bois pour aller demander à ces barbares des secours ou une mort plus prompte. On les vit du vaisseau s'approcher des Cafres et implorer leur pitié par les signes les plus touchants; puis on vit encore ceux-ci les emmener derrière des collines de sable, où ils disparurent aux regards du capitaine et de leurs compagnons.

La nuit se passa pour ces derniers dans la perplexité la plus affreuse, et ce fut en vain qu'aux premières lueurs du jour ils cherchèrent sur le rivage les malheureux qui l'avaient abordé la veille. Le désespoir leur faisait imaginer mille mesures impraticables de vengeance, quand, vers neuf heures, leurs amis parurent sur le rivage, faisant signe qu'on vînt les rejoindre. Tout ce qui pouvait flotter fut mis à la mer, et après des peines infinies, le capitaine eut la joie de voir autour de lui tous les hommes de son équipage à l'exception d'un seul qui avait péri près de la côte.

Il remercia les naturels du secours qu'il en recevait, et s'informa du malheureux capitaine du *Groswenor*. On lui montra l'endroit où le bâtiment avait fait naufrage, et on lui dit que le capitaine Coscon avait péri par les mains des sauvages en voulant défendre deux femmes blanches qu'un chef cafre voulait emmener à son kraal (village). De ces deux pauvres femmes, une était morte peu de temps après, l'autre vivait encore et était mère de plusieurs enfants.

Les Cafres leur amenèrent un bœuf, mais ils prirent pour eux la meilleure part de ce présent. Ils s'emparaient aussi de tout le fer que la mer amenait sur le rivage, et brûlaient tout le bois auquel se trouvait attaché le plus petit morceau de ce métal. Le capitaine offrit au chef une paire de boucles de jarretières plaquées d'argent. Il les suspendit à ses oreilles, et marcha fièrement, aussi avide de ces riens, pauvre enfant de la nature, que le sont nos hommes civilisés des riens brillants qu'ils appellent marques d'honneur, des croix, des rubans qu'ils attachent sur leur poitrine, et qui souvent les rendent si fiers envers ceux qui n'ont point reçu les mêmes distinctions.

Les Cafres venaient aux naufragés avec les dispositions les plus amicales; puis, tout à coup, ils disparaissaient sans raison pendant un ou deux jours, et une inquiétude mortelle venait s'emparer des esprits de tous ces malheureux, dont les barbares tenaient le sort entre leurs mains. Enfin un jour, le chef dit au capitaine Stout qu'il allait lui donner deux guides pour conduire sa troupe aux possessions hollandaises, et eut l'attention de choisir pour l'un de ces guides un Hottentot qui savait parler la langue des colons hollandais.

Ce bon sauvage donna aux naufragés un bœuf, que l'on dépeça en morceaux de quatre livres; c'était la provision de chaque homme. Les adieux furent touchants et empreints d'une cordiale amitié. Ces Cafres formaient la tribu de Tambouki, la plus puissante de la Cafrerie maritime.

Les guides du capitaine Stout et de ses gens étaient pleins d'intelligence et connaissaient parfaitement toutes les sinuosités du désert. Les routes qu'ils leur faisaient suivre étaient toujours les plus fraîches, les meilleures qui se pussent trouver; pourtant les malheureux étaient brisés de fatigue, leurs pieds commençaient à s'entamer ; ils n'avaient que quatre paires de souliers pour soixante hommes.

Trente-six de ces infortunés furent obligés de quitter leurs amis, qui plus forts devaient marcher toujours. Le lieu où ils restèrent était fréquenté par les bêtes féroces ; les Bojesmans, le peuple le plus abruti du sud de l'Afrique, infestaient aussi ce canton, et les alarmes les plus vives versaient une cruelle amertume sur la joie qu'éprouvèrent le sur-lendemain Stout et ses compagnons en arrivant enfin à un établissement hollandais.

Le colon Du Pliesies et sa famille reçurent avec la plus touchante hospitalité les naufragés que la Providence faisait leurs hôtes. Le capitaine pria son bienfaiteur de faire secourir ceux d'entre les siens à qui la force avait manqué ; cet homme charitable ordonna à deux de ses fils d'atteler huit bœufs à un chariot pour aller chercher les pauvres retardataires, qui, au bout de deux jours, vinrent partager l'hospitalité généreuse de M. Du Pliesies.

Le capitaine Stout remercia alors ses fidèles guides, et leur donna comme marque de reconnaissance deux bœufs et deux moutons d'une grosseur extraordinaire. Ces bonnes gens furent très reconnaissants des présents que leur fit le capitaine et emmenèrent avec eux leur bétail dans les plaines fertiles de la Cafrerie.

Après quelques jours de repos chez le bon colon, et des haltes dans chaque ferme qui se trouva sur leur passage, le capitaine et son équipage arrivèrent au Cap, où ils obtinrent l'accueil le plus généreux.

Ainsi les sauvages avaient tenu religieusement la parole jurée lors du naufrage du *Groswenor*. Ils avaient secouru, protégé les malheureux que la tempête avait jetés sur la plage, et désormais la pitié, on peut le croire, sera le seul sentiment que leur inspireront de pareils désastres ; car Dieu tient tous les cœurs dans sa main, et sait mettre à la place de la barbarie et de la cruauté, la céleste miséricorde.

CHAPITRE V

Côtes d'Afrique.

Naufrage du brick américain *le Commerce*, sur la côte du désert de Sahara (Afrique), le 28 août 1815.
(Extrait d'une narration de ce naufrage, par le capitaine Riley, commandant le Brick.)

Le 23 août 1815, le brick *le Commerce*, capitaine Riley, fit voile de Gibraltar pour les îles du Cap-Vert. Il portait, outre le capitaine, dix hommes d'équipage et un passager espagnol.

Le 28, après quelques heures d'une obscurité profonde, on reconnut que la route était perdue, et on changea de direction. Tout à coup la tempête éclate, une ligne de brisants s'étend devant le navire qu'y portent des lames furieuses. Il touche, il éclate ; les hommes, qui le gouvernaient il n'y a qu'un instant sont le jouet de ses oscillations et prêts à périr, s'abandonnent à Dieu dans la chaloupe, dans le canot, et tentent d'aborder. Les lames brisent bientôt ces esquifs fragiles, et les naufragés sont jetés meurtris sur une plage inhospitalière, où les attendent de nouveaux dangers.

Là veillait l'Arabe du désert, avec la soif d'un or inutile contre l'aridité du sol et les brûlantes ardeurs du climat. La horde avare aperçoit les dépouilles des naufragés, elle les pille et leur demande encore des richesses. Pour sauver le capitaine retenu captif, les matelots envoient mille piastres à ses avides ennemis, qui, après avoir compté la rançon, entraînent avec eux le prisonnier, font mourir indignement le passager espagnol, dont ils voulaient tirer de nouveaux trésors, et menacent du même sort le capitaine Riley, qui leur échappe par miracle et regagne à la nage le bâtiment.

Placés entre deux genres de mort, les naufragés se confient à Dieu, placent quelques provisions sur une chaloupe à demi brisée, et s'abandonnent aux flots, moins cruels pour eux que les hommes.

Jusqu'au 7 septembre, ils voguèrent sur cette mer inconnue, appelant la terre de tous leurs vœux. Elle apparut enfin, mais sous la forme de falaises d'une épouvantable hauteur, sans plage pour aborder, hérissée de rochers à pointes aiguës. Enfin, une lame les porte sur une petite grève, où s'arrête et se brise la chaloupe ; une fois encore la Providence avait arraché ces malheureux à la mort.

Tous à genoux bénirent le Dieu qui les avait sauvés du fond de l'abîme, et bientôt un doux et long sommeil vint réparer leurs forces abattues. A leur réveil, ils se partagèrent le peu d'eau qui leur restait, et se promirent de ne pas se séparer. Puis, creusant le sable, ils y enfouirent les piastres qui leur restaient, sûrs de l'inutilité de cet or qu'on envie, et qui souvent coûte si cher aux âmes qui en poursuivent la possession.

Dans la route qu'ils poursuivaient, toujours de nouveaux obstacles, toujours de nouvelles souffrances : des falaises escarpées, des rochers à pic qui ensanglantaient leurs mains et leurs pieds meurtris; puis, au sommet du dernier roc, devant eux à perte de vue, le désert et ses sables brûlants. « Ah! c'est assez souffrir! s'écrièrent les malheureux. Là, ni créatures humaines, ni eau, ni vivres, ni même la dent des tigres ou des lions. Mourons ici! »

La capitaine Riley rappela à ses infortunés compagnons, et cette Providence dont la main maternelle conduit jusqu'aux enfers et en retire, et ces souvenirs de famille et de patrie qui ne sont jamais invoqués en vain. Un rayon d'espoir brilla aux yeux des naufragés, et ils reprirent lentement leur pénible route.

Comme ils approchaient d'une plage de sable où ils espéraient trouver une couche moins dure que celle offerte par les falaises à leurs membres fatigués,

ils aperçurent la lueur d'un feu. C'était peut-être
l'esclavage, peut-être la mort qui les attendait-là,
et pourtant la joie remplit leurs âmes, et ils dor-
mirent d'un paisible sommeil.

Le lendemain, ils se trouvèrent entourés par les
Arabes, et le capitaine se prosterna devant eux pour
implorer leur pitié. Mais ce sentiment est étranger
aux Maures du désert, et en un instant les naufragés
furent dépouillés de leurs vêtements, seul bien qui
leur fût resté.

Captifs de ces barbares, il leur fallut endurer les
plus indignes traitements. Un peu de lait aigri, une
eau sale et fétide, était le seul soulagement qu'on
accordât à leurs pressants besoins. Des coups d'un
bâton noueux les contraignaient à une marche forcée ; un soleil brûlant dardait sur leur chair ses
rayons que nulle ombre ne venait amortir ; si leur
maître les plaçait parfois sur les chameaux, le pas
inégal et dur de ces animaux leur faisait endurer un
nouveau supplice. Enfin, pour combler leur misère,
ils furent séparés, et leurs douleurs s'en accrurent
encore.

Les Arabes firent une halte, et le capitaine Riley
eut la triste joie de retrouver quatre de ses compagnons exténués comme lui, comme lui mourants ;
parmi eux se trouvait un jeune mousse nommé
Horace, que le capitaine aimait tendrement ; mais
il ne put même avoir la consolation de lui parler, le

barbare maître du jeune homme l'ayant rudement
séparé de Riley en l'accablant de coups.

Deux étrangers s'approchèrent un jour de la triste
caravane : c'étaient deux frères qui arrivaient du
Maroc et venaient commercer avec les Maures du
désert. L'un d'eux, nommé Sidi-Hamet, témoigna
une grande compassion pour les malheurs des naufragés, et quelques larmes s'échappèrent furtive-
ment de ses yeux.

Le capitaine alors le supplia de l'acheter et de le
mener dans les États du Maroc, où un ami paierait
sa rançon et celle de ses compagnons à raison de
cinquante piastres par homme.

Sidi demanda au capitaine cent piastres pour sa
rançon, et refusa d'acheter les autres naufragés ;
Riley l'implora pour le jeune Horace, mais l'Arabe
demeura inflexible. Deux couvertures de laine, une
pièce de toile de coton et quelques plumes d'au-
truche furent données le lendemain aux Arabes
par Sidi-Hamet. C'était le prix du capitaine.

Celui-ci renouvela ses supplications près de son
nouveau maître en faveur de MM. Savage, Hogan
et Clarck, trois de ses compagnons d'infortune. Il
insista surtout en faveur du jeune Horace, offrant
même de demeurer à sa place en captivité, pour que
ce pauvre enfant pût revoir sa mère. Touché de
compassion à la vue des larmes que versait le capitaine, le bon Sidi l'assura par serment que l'enfant

lui serait rendu. Le lendemain Horace était racheté, et Savage et Clarck avec lui ; quant à Hogan , son maître voulut le vendre trop cher, et Sidi ne voulut pas conclure le marché. Un nommé Burnus, matelot, fut acquis le lendemain par Sidi-Hamet, et le capitaine dut faire à ses autres amis de pénibles et longs adieux , qu'adoucit un peu sa promesse solennelle de les racheter, si lui-même recouvrait la liberté.

Mieux traités , mais manquant toujours du nécessaire, les esclaves de Sidi-Hamet avançaient péniblement dans cette route aride et désolée. Bientôt une mer de sable se déroula devant eux avec ses vagues onduleuses et brûlantes, qui , frappant les corps presque nus des Européens, leur causaient d'incroyables douleurs.

Depuis près d'un mois, les naufragés et leurs nouveaux maîtres marchaient ainsi dans le désert, quand, du haut d'une colline, le capitaine Riley aperçut à l'est l'Océan, et à l'extrémité une terre semblable à une île. « C'est Soucyrah (Mogador), dit Sidi-Hamet au capitaine, nous y serons dans dix jours. » Et une hymne d'action de grâces s'éleva du cœur de Riley jusqu'au trône du Tout-Puissant.

Une vallée délicieuse où les figues et les grenades d'Orient présentaient leurs riches couleurs aux regards enchantés des malheureux captifs, des villages où ils reçurent la plus touchante hospitalité, vinrent les reposer un peu des cruelles fatigues de leur long et périlleux voyage. Enfin ils s'arrêtèrent dans un de ces hameaux hospitaliers, et là Sidi annonça au capitaine qu'il partirait le lendemain pour Soueyrah, et lui ordonna de tenir prête pour l'aube du jour sa lettre à l'ami qui devait payer sa rançon.

A qui écrire à Mogador? Là le capitaine ne connaissait personne, et Sidi refusait d'aller plus loin. Enfin, confiant pour l'avenir à la Providence, Riley écrivit un récit succinct de ses malheurs, implorant pour lui et ses compagnons la pitié de ceux aux mains de qui tomberait sa supplique, et y indiquant les noms des correspondants qui rembourseraient les sommes avancées. Sa lettre portait pour inscription : *Aux consuls anglais, français, espagnols, américains, ou à tout négociant chrétien, à Magador ou Soueyrah.* Son maître prit la lettre et partit.

Sept jours entiers s'écoulèrent pour les captifs dans l'anxiété la plus affreuse. Si les promesses faites à Sidi par Riley ne se trouvaient pas effectuées, la mort la plus cruelle devenait le partage de tous. Enfin, le soir du huitième jour, un Maure de bonne mine entra dans le réduit où les captifs étaient gardés à vue, et demanda en anglais au capitaine comment il se portait.

A ces mots, dits dans la langue maternelle, tous les naufragés furent debout en un instant. La lettre du capitaine était tombée aux mains de M. G. Willshire, consul anglais à Magador. Cet excellent homme répondait à Riley, que neuf cents piastres seraient payées pour sa rançon et celle des siens, à leur arrivée à Mogador, où Sidi-Hamet était retenu par lui comme otage, et que Reïs-el-Cossim, porteur de sa lettre, devait prendre nos ordres et les exécuter. A cette lettre étaient joints des vêtements et des provisions envoyés par la prévoyante charité de ce généreux bienfaiteur.

Ivres de reconnaissance et de joie, les infortunés partirent le lendemain pour Mogador, avec l'envoyé de M. Willshire et Seïd, frère de Sidi-Hamet. L'aurore de la liberté s'élevait pour eux, mais la trahison veillait et leur préparait de nouveaux malheurs.

Arrivés à une ville nommée Stouka, Reïs-el-Cossim apprit que Seïd avait persuadé au prince Mouley-Ibrahim, gouverneur de cette cité, de retenir les étrangers jusqu'à ce que Sidi revînt et apportât quinze cents piastres en outre de la rançon déjà payée. Reïs essaya vainement de les faire renoncer à ce projet injuste : alors il résolut de porter ces tristes nouvelles à Willshire ; et consolant de son mieux les malheureux captifs, il allait partir pour Mogador quand un ordre de Mouley lui enjoignit de ne pas quitter Stouka.

Riley et ses compagnons s'abandonnèrent au plus affreux désespoir. Sidi-Mohammed, leur hôte du dernier village, touché de leur douleur et révolté de la perfidie de Seïd, s'approche du capitaine et lui prenant la main, « Riley, dit-il, ne te laisse pas abattre. J'irai à Soueyrah ; Reïs et toi, écrivez à Willshire ; s'il veut un otage, je resterai avec lui. J'ai des maisons, des terres, des troupeaux ; je serai un otage bien plus précieux pour Sidi-Hamet. Lui, qui est ton ami, viendra te délivrer. Dieu est grand, il te rendra à ta famille. »

Le capitaine baisa la main du généreux Arabe, et celui-ci partit après avoir fait agréer son projet par Mouley-Ibrahim.

Reïs-el-Cossim parvint à se concilier la bienveillance de Mouley, qui lui donna pour les prisonniers des vivres en abondance, et ne cessa dès lors de leur rendre tous les services qui furent en son pouvoir. Par sa protection, ils quittèrent bientôt Stouka pour se rendre à Santa-Cruz, où ils devaient attendre l'arrivée de Sidi-Hamet.

Mais là encore un danger les attendait. Gagné par Cheik-Ali, beau-père de Sidi-Hamet, qui s'entendait avec Seïd, frère de Sidi, pour rançonner les captifs, le gouverneur de la forteresse devait garder prisonniers ceux que Mouley-Ibrahim venait de délivrer. Le fidèle Reïs-el-Cossim surprit ce projet et le déjoua en faisant partir en toute hâte la petite caravane campée assez loin du fort.

Le bruit d'une caravane frappa bientôt leurs oreilles attentives, et la crainte s'empara de leurs cœurs. C'était Sidi-Hamet qui venait de Soueyrah,

avec Sidi-Mohammed et quatre Maures chargés par
M. Willshire de l'argent des rançons. Le bienfaisant
consul avait fait aussi partir des mules pour éviter
aux voyageurs la fatigue de la route.

Sur cette route, ils retrouvèrent encore, et des
grèves arides, et de hautes montagnes, et les sables
brûlants du désert. Il fallut encore escalader des rochers à pic, descendre dans d'étroites et profondes
vallées, suivre un sentier de deux pieds de largeur
que bordait un précipice de plusieurs centaines de
pieds qui les séparait de la mer. Puis, après avoir
traversé un pays fertile et peuplé, les voyageurs fatigués se virent arrêtés par une longue chaîne de
monticules d'un sable mouvant sous leurs pieds. Ils
venaient d'en franchir un avec une peine extrême,
quand tout à coup un cri de joie s'échappe de leur
poitrine. Mogador s'offrait à leurs regards, et dans
son port ils ont vu flotter le pavillon de leur patrie.

Fatigues, dangers, malheurs, tout est oublié. Les
captifs n'ont plus qu'un sentiment, celui d'une gratitude profonde pour le Dieu bon qui les a sauvés.

Quelques moments après, ils furent joints par le
généreux M. Willshire lui-même, qui venait au-
devant d'eux. A l'aspect de leurs traits flétris où se
révélaient leurs souffrances, cet homme bienfaisant
les serra dans ses bras et versa des larmes de joie;
le silence de tous fut le plus bel hommage qui pût
être offert au Seigneur.

Conduits d'abord chez le pacha, qui les assura
qu'ils étaient libres, le capitaine et ses compagnons
revinrent chez M. Willshire, qui fournit noblement
à tous leurs besoins. Riley, si fort contre l'infortune, pensa succomber sous le poids du bonheur.
Ses facultés intellectuelles l'abandonnèrent, et il fut
longtemps comme frappé d'idiotisme. Ces malheureux étaient réduits à un tel état de maigreur, qu'on
les désignait à Mogador sous le nom d'esclaves
squelettes.

Le capitaine Riley et ses compagnons quittèrent
enfin cette terre de douleurs pour revenir dans leur
patrie. Des lettres du généreux Willshire au capitaine lui apprirent que quatre de ses matelots étaient
arrivés à Oued-Noun et allaient être rachetés par
ses soins. Ainsi, de tous ces malheureux naufragés,
deux seulement étaient morts dans le désert, et les
autres, après sept mois de souffrances inouïes ; revenaient dans leur pays natal manifester la grandeur
et la puissance du Dieu qui commande à la tempête
et à la mort.

CHAPITRE VI

Côtes d'Afrique.

Naufrage de la *Méduse*, sur le banc d'Arguin, en juillet 1816. (Extrait du récit de M. Corréard, l'un des naufragés.)

Enfants du même Père, et tous appelés au même héritage, les hommes, à quelque nation qu'ils appartiennent, ont tous un droit imprescriptible à notre pitié quand le malheur s'appesantit sur eux. Mais lorsque ses coups tombent sur des hommes nés dans notre patrie, cette pitié prend alors une intensité nouvelle ; les larmes coulent plus amères, le cœur se serre avec plus de force, et nous croyons sentir les maux dont nos yeux lisent les tristes récits.

Jusqu'à présent nous avons déploré les peines d'étrangers auxquels nous n'étions unis que par le lien commun de l'humanité ; maintenant nous allons nous identifier aux douleurs de nos compatriotes et donner des larmes aux malheurs de pauvres Français dont la vie pendant plusieurs jours ne fut qu'une lente et cruelle agonie.

La frégate *la Méduse*, capitaine Leroy de Chaumareys, partit de la rade de l'île d'Aix le 7 juin 1816, pour se rendre au Sénégal.

Le 1er juillet, on passait le tropique, et les réjouissances accoutumées étaient présidées par le capitaine, plein de la plus entière comme de la plus aveugle sécurité. Deux passagers qui avaient une parfaite connaissance de la côte disaient vainement qu'on allait y être jeté ou toucher sur le banc d'Arguin. On se moqua de leurs sinistres prédictions.

Négligeant de se conformer aux instructions données par le ministre de la marine, on continua la même route. Bientôt le péril devint imminent, et malgré les ordres trop tardifs du confiant capitaine, la frégate toucha. Le désordre, occasionné par cet événement dans tout l'équipage, rendit en peu d'heures la perte du bâtiment certaine, et il fallut s'occuper du salut de l'équipage.

Le grand canot reçut trente-cinq personnes ; le canot major quarante-deux ; celui du commandant vingt-huit, un autre vingt-cinq ; la chaloupe quatre-vingt-huit ; la yole enfin quinze.

On avait construit un radeau d'après un dessin fait par le gouverneur du Sénégal. Cette frêle machine était sans voile et sans mâture, et portait cent quarante-huit personnes tellement serrées qu'il était impossible qu'une d'elle fît un seul pas en avant.

Le canot du gouverneur vint le premier remorquer ces infortunés. Tous à l'envi firent entendre les cris de *Vive le roi !* et arborèrent au bout d'un fusil un petit pavillon blanc. Si toutes les embarcations eussent suivi l'exemple du gouverneur, le radeau était sauvé ; mais elles ne le secondèrent pas, et voyant que ses inutiles efforts ne feraient que hâter sa propre perte, il s'éloigna bientôt à toutes voiles, et le frêle esquif fut abandonné.

Le désespoir le plus profond s'empara de toutes ces pauvres âmes, qui n'avaient en perspective que l'isolement et la faim. Pourtant un souvenir de Dieu descendit vers elles, et la prière, fervente comme elle l'est toujours à l'heure suprême, vint adoucir leurs maux en leur donnant la paix de l'espérance.

Une nuit affreuse suivit l'heure de l'abandon. Douze hommes, dont les pieds s'étaient trouvés pris dans les séparations que laissaient entre elles les pièces du radeau, avaient péri dans d'horribles souffrances. D'autres avaient été enlevés par la violence des vagues. Le lendemain, quand les pauvres abandonnés se comptèrent, leur nombre était diminué de vingt.

La nuit suivante, l'ouragan fut plus furieux encore, et à l'aube du jour, le désespoir enfanta la sédition. Comme si l'œuvre de destruction n'eût pas été assez sûre aux mains de la tempête, soldats et matelots, ivres jusqu'à la folie, jurent de se défaire de leurs chefs et veulent détruire le radeau à coups de hache. Officiers et passagers s'unissent pour défendre cette frêle embarcation qui protège encore leur triste vie. Alors un combat général s'engage, le seul mât du radeau se brise et blesse le capitaine Dupont qui reste sans connaissance. Les soldats jettent à la mer le malheureux blessé, que ses amis en retirent aussitôt. Il est repris par les révoltés, qui veulent lui crever les yeux avec un canif. Irrités par tant de barbarie, les chefs militaires et les passagers chargent en furieux les hommes de l'équipage, qui, lâches autant que méchants, implorent à genoux un pardon qui leur est aussitôt accordé.

Il était minuit : au bout d'une heure la révolte recommence. Ceux des soldats qui n'avaient plus d'armes mordaient cruellement leurs adversaires, qui à leur tour les massacraient sans pitié, et qui, à douze ou quinze hommes seulement, demeurèrent enfin vainqueurs de cette multitude forcenée.

Les malheureux insensés que l'esprit de révolte avait entraînés si loin du devoir, avaient jeté à la mer deux barriques de vin et les deux seules pièces d'eau douce qu'il y eût sur le radeau. Soixante-sept hommes restaient encore à bord ; la faim, l'horrible faim, ajoutait ses déchirements aux autres douleurs des naufragés.... « Nous fûmes contraints, dit le narrateur de ce drame terrible, de recourir à un moyen extrême pour soutenir notre malheureuse existence. Je frémis d'horreur en me voyant obligé de retracer celui que nous mîmes en usage, je sens ma plume s'échapper de ma main. Grand Dieu! oserons-nous encore élever vers vous nos mains teintes du sang de nos semblables? Votre clémence est infinie ; et votre cœur paternel a déjà accordé à notre repentir le pardon d'un crime qui ne fut pas celui de notre volonté : la nécessité la plus impérieuse nous y poussa!

» Ceux que la mort avait épargnés dans le combat se précipitèrent avidement sur les cadavres dont le radeau était couvert, les coupèrent par tranches, et quelques-uns les dévorèrent à l'instant.... Moi-même je proposais de faire sécher ces restes sanglants pour les rendre un peu supportables au goût!... »

Un banc de poissons volants vint le quatrième jour se jeter sur le radeau, et les naufragés en prirent plus de trois cents. Quelles actions de grâces montèrent vers le Ciel pour ce bienfait inespéré! « Nous joignîmes pourtant à ce mets, dit M. Corréard, de ces viandes sacrilèges que la cuisson avait rendues supportables, et auxquelles les officiers et moi nous touchâmes pour la première fois. »

La sédition éclata de nouveau parmi ces hommes si malheureux tous, et dont quelques-uns augmentaient ainsi la misère. Justice prompte fut faite : trente hommes seulement vivaient alors sur le radeau de la *Méduse*. Et quelle vie, mon Dieu ! Couverts de contusions et de blessures, ayant l'épiderme des pieds et des jambes enlevé par l'eau de la mer, vingt au plus de ces infortunés étaient dans le cas de se tenir debout !

Deux hommes furent jetés à la mer pour avoir dérobé un peu de vin dans la seule barrique où il en restât encore. Treize de ceux qui restaient avaient perdu entièrement la raison, et leurs compagnons affamés comptaient combien de vivres ils pouvaient consommer encore. Leur mort, en l'avançant, car ils ne pouvaient revenir à la vie, procurait aux autres six jours de vivres ! on délibéra longtemps, et il fut décidé qu'on les jetterait à la mer.

« La délibération prise, qui osera l'exécuter ! dit encore M. Corréard. L'habitude de voir la mort près de fondre sur nous, le désespoir, la certitude de notre perte infaillible sans ce fatal expédient, tout, en un mot, avait endurci nos cœurs devenus insensibles à tout autre sentiment qu'à celui de notre conservation. Trois matelots et un soldat se chargèrent de cette exécution cruelle. Nous détournâmes les yeux, et nous versâmes des larmes de sang sur le sort de ces infortunés. Ce sacrifice sauva les quinze qui restaient.

» Après cette immolation nécessaire, nous jetâmes nos armes à la mer. Elles nous inspiraient une horreur dont nous n'étions pas maîtres!... Jusque dans les bras du sommeil nous nous représentions les membres déchirés de nos malheureux compagnons, et nous invoquions la mort à grands cris. »

Tout à coup, au milieu de ces vœux lamentables, un cri de joie vient de retentir : le capitaine Dupont signale un navire, il l'a vu, et tous les autres le voient comme lui. Mais, après un moment d'enivrante espérance, une douleur profonde s'empare des naufragés. Faible point dans l'espace, le radeau sera-t-il aperçu? Alors on redresse des cercles de barriques, on y fixe des lambeaux de diverses couleurs. Ces signaux sont inutiles : le brick disparaît, et l'espérance avec lui.

Deux heures après, nouveau cri de joie : « Nous sommes sauvés, le brick est sur nous! » Il venait, en effet, toutes voiles dehors, sur l'aile de la charité. Le pavillon blanc flottait en haut de son mât de misaine, et les naufragés s'écrièrent en versant des pleurs d'attendrissement : « C'est donc à des Français que nous allons devoir notre salut! »

Les naufragés furent bientôt à bord de l'*Argus*, envoyé du Sénégal par le gouverneur à la recherche du radeau qu'il s'était vu contraint d'abandonner. Du bon bouillon avait été préparé pour eux; on le mêla d'excellent vin, et leurs forces presque éteintes se ranimèrent aux bons soins de leurs libérateurs. Arrivés heureusement au Sénégal, six d'entre eux moururent des suites de leurs cruelles souffrances.

Deux des embarcations qui avaient si cruellement abandonné le radeau étaient arrivées à bon port au Sénégal. Les trois autres échouèrent sur les côtes; mais la majeure partie des personnes qui les montaient gagnèrent heureusement Saint-Louis.

Une goëlette avait été aussi envoyée vers la *Méduse*, qu'elle rejoignit cinquante-deux jours après l'abandon. L'équipage retrouva à bord de la frégate trois infortunés qui vivaient encore. Douze hommes l'avaient quittée au bout de quarante-deux jours, et s'étaient embarqués sur un radeau qu'ils avaient construit. Les débris de cette frêle embarcation furent trouvés par des Maures sur la côte du Sahara, sans que même un cadavre vînt révéler le sort des malheureux qu'elle portait. Un autre matelot avait aussi voulu gagner la terre à l'aide d'une cage à poules, mais il fut submergé à une demi-encablure de la frégate.

Des quatre hommes restés à bord, un mourut et fut jeté à la mer. Les trois autres occupaient chacun un endroit séparé sur le bâtiment, et ne le quittaient que pour aller chercher un peu de suif et de lard salé qui faisaient toute leur nourriture, et un peu d'eau-de-vie, leur seule boisson. S'ils se rencontraient, ils couraient les uns sur les autres, comme des furieux, et se menaçaient de coups de couteau. Tous trois, soignés avec la charité la plus tendre, recouvrèrent une parfaite santé.

Le capitaine, dont l'imprévoyance avait causé cet affreux malheur, et qui avait failli à l'honneur en abandonnant un des premiers son bord où le devoir lui commandait de rester, revint en France, et, traduit devant un conseil de guerre, il fut déclaré déchu de son grade et incapable de servir l'État.

CHAPITRE VII

Côtes d'Afrique.

Naufrage des bricks *le Silène* et *l'Aventure*, sur la côte d'Alger, le 9 mai 1830.
Massacre des deux équipages par les Arabes.

Au mois de mai 1830, peu de temps avant cette glorieuse prise d'Alger, qui exalta si haut la renommée de la France, le brick *le Silène* partit pour remettre au capitaine de la *Bellone*, croisant devant Alger, des lettres de l'amiral et des provisions pour la croisière.

Un temps magnifique, un vent favorable, des pensées de combat et de gloire remplissaient d'ardeur et de gaieté l'équipage du noble navire qui voguait à pleines voiles sur une mer calme et limpide.

Parti de Mahon le 9 mai, *le Silène*, si favorisé depuis quatre jours, est subitement environné d'un brouillard tellement épais qu'il intercepte la lumière du soleil ; le navire, tourmenté par les vents, se meut en gémissant dans un espace qui devient plus étroit à mesure que la brume épaissit, et la crainte de la mort vient remplir tous les cœurs si pleins la veille de rêves de joie et d'avenir.

Le 14, vers midi, parut un autre brick, avec lequel on communiqua au moyen de signaux : c'était *l'Aventure*, commandée par M. d'Assigny. Le brouillard l'avait séparée de la croisière. Les deux bâtiments firent voile de conserve ; mais vers le soir, *l'Aventure* disparut, et peu après la terre se montra.

L'obscurité était complète ; seulement une barre blanche, que l'équipage crut être une éclaircie de l'horizon, paraissait non loin du brick, que les courants entraînaient à la dérive. Une secousse violente se fit sentir, le navire chancela, les lames envahirent le pont, et le choc réitéré de la quille fit bientôt pousser aux matelots ce lamentable cri : « Nous touchons.... nous sommes sur des écueils ! »

On abattit le grand mât, puis le mât de misaine, et le brick allégé se releva un peu ; mais le vent redoubla de furie ; les vagues soulevaient le navire jusqu'aux nues et menaçaient de le briser sur les rochers de la côte. Déjà le gouvernail était en pièces, et les lames envahissaient le pont. La mort était bien près, et cependant personne ne parlait

de gagner la terre, tant l'inhospitalité de la côte
inspirait de terreur.

L'Aventure, non loin de là, touchait et s'englou-
tissait aussitôt ; l'équipage n'avait eu que le temps
de gagner la terre à la nage, et inquiets du sort
du *Silène,* ces braves gens se hâtèrent de venir à
son secours.

L'ayant vu échoué, ils appelèrent à grands cris
leurs compagnons d'infortune, qui, à leurs voix, se
décidèrent à se rendre au rivage. Tout l'équipage,
à l'exception d'un matelot tombé à la mer lors de
la coupe du grand mât, se trouva présent à l'appel : le capitaine Bruat avait quitté son bord le
dernier.

Eloignés de Tunis et d'Oran de cinquante à
soixante lieues, les naufragés résolurent de se rendre
à Alger, malgré la guerre qui existait entre la
France et le dey ; ils se mirent en marche, priant
Dieu de conduire et de protéger leurs pas.

A peine avaient-ils fait quelques centaines de
pas que trois Arabes armés les couchent en joue et
leur ordonnent par signes de retourner aux bricks.
Ils obéissent, et sont aussitôt environnés d'une foule
de barbares qui les menacent de leurs armes, les
frappent à coups de bâton et les entraînent vers
les montagnes, tandis que d'autres Maures se
rendent à bord des navires, pour piller ce que la
mer n'a point entraîné dans ses abîmes.

La présence d'esprit d'un Maltais, matelot à bord du *Silène*, sauva les naufragés d'une mort inévitable. Il fit promettre à ses compagnons de ne point le démentir, et s'avançant du côté des Arabes dont il savait la langue, il protesta aux barbares que ses camarades étaient Anglais. Menacé de mort par trois fois, sa fermeté ne se démentit pas et contribua puissamment au salut des deux équipages.

Les malheureux captifs étaient en proie aux plus mauvais traitements. Les Maures battaient cruellement ceux que la fatigue forçait de ralentir le pas. On leur donnait des soufflets, on leur crachait au visage, et ces injures, auxquelles ils eussent préféré mille fois la mort, leur courage anéanti les supportait sans se plaindre.

Leurs bourreaux les séparèrent pour se les partager, et une partie d'entre eux fut conduite vers un douar situé au-dessus des débris de leur navire. Là, entassés au nombre de dix-neuf dans une mauvaise étable, ils eurent à souffrir et de la faim et de la cruauté de leurs maîtres, qui les maltraitaient sans raison, et de l'insolence des Kabyles, qui venaient insulter à leur infortune ; puis les Maures fondaient sur eux, les menaçaient de la mort et riaient de leurs alarmes, tandis que les femmes, plus cruelles encore, les pinçaient jusqu'au sang et vomissaient contre eux l'injure et l'imprécation.

Le 18, vers dix heures du matin, les captifs virent en mer des vaisseaux qui longeaient la côte. Leurs cœurs battirent violemment, car ils avaient reconnu le drapeau blanc aux mâts! C'étaient des sauveurs, on les cherchait, car les frégates mirent en panne et envoyèrent leurs embarcations. Repoussées par les Maures, les chaloupes furent obligées de regagner la division, qui bientôt s'éloigna, et dont les naufragés virent les voiles diminuer peu à peu, s'effacer, puis se perdre dans les vapeurs de l'horizon.

A dater de ce jour, les malheureux devinrent chaque jour victimes ou témoins de la barbarie des Maures. Trois Français, conduits par des Bedouins, avaient, en apercevant les chaloupes, terrassé leurs conducteurs et s'étaient jetés à la nage. Epuisés de forces, les Arabes les avaient promptement atteints et ramenés au rivage, où ils furent impitoyablement massacrés.

Ce fut le signal de destruction. Les bourreaux allaient de cabane en cabane, égorgeant les malheureux Français dont les plaintes et le râle, se mêlant aux vociférations, aux cris de rage des assassins, formaient un concert plein d'horreur. Une seule de ces scènes d'horreur pourra donner une idée des autres.

Huit marins enfermés dans une hutte voient leur triste asile envahi par une foule de Kabyles, dont

les mains sont rouges de sang. Un Maure assène sur
la tête d'un matelot un coup de yatagan, l'étend sans
connaissance à ses pieds, et s'élançant vers un
autre lève le bras pour le frapper.... Entre les
perches qui soutiennent le toit de la cabane, le
matelot a vu une fourche en bois dont il s'empare,
et attaquant le premier son farouche ennemi, il lui
plonge dans la gorge cette fourche qui le cloue à la
terre.

Le Maure expire en poussant un cri affreux, qu'en-
tendent plusieurs des siens, qui revenaient vers la
cabane, las d'égorger ou de ne plus trouver de victimes. Ils n'osent approcher des matelots furieux et
se contentent de passer entre les planches le canon
de leur fusil pour tirer à l'intérieur. Un d'eux s'a--
perçoit que ces fusils n'avaient pas de pierres; il
sort; deux de ses camarades le suivent : tous trois
alors fondent sur les Arabes, les mettent en fuite,
renversent une femme qui voulait leur barrer la
route, et, s'enfonçant dans les marécages voisins,
disparaissent à tous les regards. Les Maures, revenus de leur trouble, se jettent alors sur la cabane,
et les pauvres Français qui n'ont pu fuir sont massacrés sans pitié.

Le lendemain de cette scène horrible, on dirigea
le reste des naufragés sur Alger, qui après d'indicibles fatigues, s'offrit à leurs regards avec ses légers
et gracieux minarets, ses maisons blanches et son

magnifique amphithéâtre de riants jardins et de sombres oliviers.

Ils furent conduits directement au palais du dey, qui les fit jeter dans les galères de la Régence. Sur une ligne circulaire qui s'étendait devant le palais du prince musulman, les captifs remarquèrent cent neuf têtes encore sanglantes dont l'aspect les glaça d'horreur!... C'étaient celles de leurs compagnons lâchement massacrés ! Et les bourreaux insultaient encore aux victimes; ils se roulaient, se renvoyaient ces têtes toutes dégoutantes et les accablaient de lâches insultes !

Mais il est au ciel une justice qui compte les crimes et dont la main punit quand est venue l'heure du châtiment. Tandis que les naufragés gémissaient dans le bagne africain, où la charité du consul de Sardaigne éloignait d'eux la mort lente et cruelle de la faim, d'autres Français disputaient au pirate ce trône et cette puissance dont le pillage et la cruauté étaient les bases. Le courage et la bravoure de nos soldats lavaient dans le sang des Maures l'outrage fait à la France, et notre drapeau flottait sous le soleil d'Afrique, pur, sans tache et glorieux.

Le canon, dont les captifs avaient compté les coups la veille, ne tonnait plus. Les portes du bagne s'ouvrent : des bras amis entourent les naufragés, et le langage maternel leur apporte deux heureuses nouvelles : la France est vengée ; l'heure de la liberté a sonné pour eux.

Le Maltais qui avait plusieurs fois sauvé la vie aux hommes de l'équipage des deux bricks, reçut la croix d'honneur, le grade de maître dans la marine française, et le roi lui fit donner un beau bâtiment pour la pêche du corail.

CHAPITRE VIII

Indoustan.

Naufrage de la *Junon*, en juin 1795.

Parti de Rangoun (1) le 29 mai 1795, et faisant voile pour Madras (2), le navire anglais *la Junon*, capitaine Bremner, avait à peine quitté ce port qu'il toucha sur un banc de sable très dur. On brassa vainement pour dégager le vaisseau, et on jeta la maîtresse ancre pour l'empêcher de chavirer à la marée basse. Tourmentée longtemps par les vagues, et allégée par l'amenage d'une partie de ses agrès, *la Junon* fut plus d'une fois près d'échouer ; mais enfin elle flotta au reflux, et levant les ancres, on se trouva dans des eaux plus profondes.

(1) La plus commerçante des villes du Pégou, dans l'empire indien des Birmans, avec un excellent port.

(2) Grande ville de l'Indoustan, sur la côte de Coromandel, ayant une population de quatre cent soixante mille habitants.

Le 1er juin, la mer devint très forte, et une voie
d'eau se déclara. Un coup de vent qui dura huit
jours tint tout le monde à travailler aux pompes
pour tenir le bâtiment à flot. *La Junon* était en
très mauvais état, dépourvue de matelots et d'outils,
et pour comble de malheur, il n'y avait pas de
charpentier à bord.

On délibéra pour retourner à Rangoun; mais
cette côte, si basse qu'on ne l'aperçoit qu'à trois ou
quatre lieues de distance, offre tant de dangers que
l'avis unanime fut au contraire d'éloigner autant
que possible le bâtiment des côtes du Pégou.

Le 6, le vent diminua, une seule pompe fut tenue
en mouvement et suffit à vider l'eau. On couvrit la
voie d'eau d'une toile goudronnée, on boucha le
trou avec de l'étoupe, et le tout fut recouvert d'une
feuille de plomb. Cet expédient eut un plein succès,
et l'équipage continua gaiement sa route.

Hélas! cette gaieté n'était que folie. Braver la
mousson (1) du sud-ouest, les dangers que présente
le golfe du Bengale avec un vaisseau endommagé,
c'était un aveuglement déplorable et qui ne pouvait
avoir que les plus fâcheuses suites.

Le 12 juin, s'éleva un grand vent du sud-ouest.
Le frêle rempart opposé aux vagues leur céda bientôt; la voie d'eau se rouvrit plus béante que la première fois; les pompes se remplirent de sable et

(1) Vent périodique de la mer des Indes.

devinrent presque inutiles. Au bout de quatre jours d'incroyables efforts, chacun trembla pour son salut et pour celui de tous.

On mit toutes les voiles dehors pour tâcher de gagner la partie la moins éloignée de la côte de Coromandel; mais le vent les enleva toutes, à l'exception de la voile de misaine.

Le bâtiment enfonçait, et le 19 juin, vers huit heures, les matelots qui étaient en bas dirent que l'eau gagnait le premier pont. Le désespoir et l'effroi remplirent tous les cœurs. L'équipage demandait à grands cris que les canots fussent mis à la mer ; mais ils étaient tous en mauvais état, ils faisaient eau et ne pouvaient servir.

En coupant le grand mât pour alléger le bâtiment, ce mât tomba sur le pont, et les hommes employés au gouvernail laissèrent le navire présenter le travers aux lames, qui y entrèrent et l'inondèrent d'eau. Une secousse de la *Junon* fit croire un moment qu'il enfonçait. Le pont fut submergé, mais de ce moment le vaisseau n'enfonça plus.

« Alors, dit le narrateur (1), tout le monde grimpa dans les haubans. Le capitaine Bremner, sa femme, le premier maître M. Wadde et moi, gagnâmes avec quelque autre la hune d'artimon, et tout le reste de l'équipage s'accrocha aux manœuvres de ce mât.

(1) M. John Mackay, second maître de la *Junon*.

Un seul qui était à l'avant du navire gagna la hune de misaine.

» Cependant le bâtiment ne coulait pas à fond comme nous l'avions craint; nous nous servîmes alors de nos couteaux pour défaire la vergue d'artimon, de peur que la charge de la vergue ajoutée au poids de tant de personnes qui s'étaient placées sur le mât ne la fît tomber.

» Quoique le bâtiment roulât avec tant de force que nous avions beaucoup de peine à nous tenir, l'excès de la fatigue endormit quelques-uns de nous; quant à moi, je n'étais pas assez tranquille pour pouvoir fermer l'œil. Dans le premier moment, je n'entrevis pas la moindre lueur d'espoir : mais après deux à trois heures de réflexion, je pensai que quelque bâtiment pourrait peut-être passer en vue du nôtre.... Tout le reste de la nuit, je prêtai une oreille attentive. Je m'imaginai plusieurs fois entendre le bruit d'un coup de canon, et chaque fois que j'en faisais part à mes compagnons, ils s'imaginaient la même chose.

» Au point du jour, un homme cria : « Une voile!» Mais ses yeux l'avaient trompé aussi cruellement que l'avaient fait mes oreilles pendant la nuit. De tous les maux qui nous ont accablés dans la suite, aucun peut-être ne nous a fait ressentir une peine aussi vive que celle que nous éprouvâmes en ce moment.

» La perspective que nous eûmes sous les yeux,

quand le jour reparut, était vraiment affreuse : le vent soufflait avec impétuosité ; la mer s'élevait à une hauteur prodigieuse ; le pont et les parties supérieures du navire se disloquaient ; les manœuvres qui supportaient les mâts, et auxquelles s'étaient cramponnés soixante-douze infortunés, cédaient à ce poids, et nous menaçaient à chaque instant du dénouement le plus sinistre. Les cris des femmes et des Lascars ajoutaient à l'horreur du spectacle. Quelques individus cédèrent volontairement à leur sort, tandis que d'autres, hors d'état de se tenir fermes aux manœuvres, étaient violemment enlevés par les vagues. La plupart étaient réservés à des épreuves encore plus terribles.

» Le vent souffla trois jours avec la même force. Chaque jour aggravait notre misère. Nous voyions bien que nous pouvions encore rester sur le vaisseau ; mais la faim, avec ses horribles souffrances, nous menaçait d'une mort non moins certaine.

» Je tombai dans une indifférence chagrine. Les lamentations inutiles de mes compagnons d'infortune me fatiguaient, et au lieu de sympathiser à leurs maux, j'étais de mauvaise humeur de ce qu'elles me dérangeaient de mon apathie.

» Je me souvins d'avoir lu dans la relation du capitaine Inglefied, que les hommes embarqués avec lui dans sa chaloupe avaient éprouvé un grand soulagement de s'être enveloppés tour à tour d'une couverture trempée dans de l'eau de mer, parce que les pores de la peau absorbaient l'eau et laissaient le sel à la surface. Je mis cet expédient en pratique autant qu'il me fut possible, et en trempant de temps en temps dans la mer un gilet de flanelle que je portais. Plusieurs de mes compagnons, qui imitèrent mon exemple, se trouvèrent rafraîchis, et je suis persuadé que ce remède nous sauva la vie. Il me servit du moins à me sauver du désespoir en tenant mon esprit constamment occupé. »

Le capitaine et le premier maître avaient une grande confiance dans les radeaux. On en construisit un, et on s'y embarqua. Mais cette frêle machine était trop petite pour contenir tous les naufragés; aussi les plus forts chassèrent-ils les plus faibles, qui furent obligés de regagner le navire.

Le radeau erra sur les mers à l'aventure. Ceux qui le montaient avaient ramé jusqu'à l'épuisement entier de leurs forces; et ne trouvant nulle part cette terre qu'appelaient tous leurs vœux, ils revinrent vers leurs compagnons d'infortune, qui furent encore joyeux de les revoir.

Le capitaine tomba bientôt dans un affreux délire. Tantôt il repoussait sa femme, dont la présence semblait lui reprocher de l'avoir entraînée si jeune encore dans un abîme où l'attendait la mort; tantôt on ne pouvait l'arracher de ses bras qu'avec une peine extrême; quelquefois il souriait, croyant voir devant

lui une table chargée de mets abondants, et demandait ensuite d'un ton lamentable pourquoi on refusait
de lui en servir. Après trois jours de souffrances,
il mourut dans les bras de sa femme.

Le premier maître, ne pouvant plus supporter
cette situation, s'embarqua sur le radeau avec huit
hommes de l'équipage ; on n'en entendit plus parler.

Des pluies presque quotidiennes vinrent apporter
aux malheureux naufragés un peu de soulagement.
Ils étendaient leurs vêtements pour recevoir cette
eau salutaire, et leur misère était oubliée quand ils
pouvaient en avaler quelques gouttes.

Pourtant plusieurs de ces infortunés moururent
dans le délire. Quelquefois on ne pouvait dégager
leurs corps des haubans, et une odeur cadavéreuse
venait ajouter un nouveau supplice à ceux qu'endu-
raient déjà les pauvres abandonnés. Quelques-uns
avaient une agonie terrible, et leurs cris jetaient
dans tout ce navire perdu une horreur et une douleur indicibles.

« Le fils de M. Wade, dit M. John Mackay, jeune
homme robuste et bien portant, mourut très promptement et presque sans pousser un soupir. Un jeune
homme du même âge, qui avait l'air faible et délicat,
résista plus longtemps que lui. Le père de ce
dernier était sur la hune de misaine. Quand on lui
dit que son fils était à l'agonie, il se hâta de descendre, et se traînant sur les pieds et les mains, il

alla trouver son enfant sur les haubans d'artimon.
Il ne restait plus que trois ou quatre bordages du
gaillard d'arrière, au-dessus des bouteilles. Ce père
infortuné y conduisit son fils, qu'il appuya fortement
contre la lisse, de crainte que les vagues ne l'enle-
vassent. Quand le jeune homme éprouvait un sou-
lèvement d'estomac, il l'enlevait dans ses bras,
essuyait l'écume de ses lèvres ; s'il tombait une
ondée, il lui faisait ouvrir sa bouche pour recevoir
les gouttes de pluie, ou bien il lui faisait avaler
celles qu'il exprimait d'un chiffon mouillé.

» Ils restèrent dans cette triste position pendant
cinq jours. Enfin le fils expira. Le malheureux père
souleva son enfant, comme s'il n'eût pu croire à sa
mort. Mais bientôt il ne lui fut plus possible d'en
douter, et il resta auprès du corps dans un silence
stupide. Quand la mer eut emporté le cadavre, il
s'enveloppa dans un morceau de toile, se laissa
tomber et ne se releva plus.

» Cette scène déchirante d'amour paternel produisit
une impression profonde même sur ceux dont les
sensations étaient en quelque sorte éteintes et sur
lesquels la vue de nos misères ne faisait plus rien.

» Dans la soirée du 10 juillet, quelqu'un dit qu'il
voyait à l'horizon quelque chose qui ressemblait à
la terre. Cette nouvelle ne causa nul espoir aux
tristes habitants du bâtiment naufragé. Mais, au point
du jour, quand on acquit la certitude de ce qui

n'était qu'une vague espérance, tout le monde fut debout en un moment, tant est puissant, même au sein de la misère, l'instinct de la conservation. »

A l'espérance succéda la crainte. *La Junon* pouvait toucher à une grande distance du rivage, et la mort devenait imminente. Après avoir tant et si cruellement souffert, périr au port ! Le navire toucha contre un rocher, et la mer, en baissant, laissa son pont à sec. Puis bientôt l'eau disparut de l'entrepont ; et les malheureux naufragés purent quitter ces débris, si peu faits pour servir d'asile, et où pendant vingt jours ils avaient enduré tant de maux.

« Une idée qui avait toujours servi à me consoler, dit M. Mackay, continuait à me prêter son appui : c'est que la Providence n'eût pas prolongé notre existence d'une manière si extraordinaire, si elle n'eût pas résolu de nous sauver entièrement. Cette opinion prenait une force nouvelle, quand je considérais que personne n'était mort depuis le moment où nous avions vu la terre.

» Dans l'après-midi, nous vîmes quelque chose qui ressemblait à des hommes se promenant sur le rivage. Tous ceux qui pouvaient se mouvoir allèrent sur le couronnement du vaisseau, et essayèrent d'attirer l'attention de ces inconnus, mais ils ne prirent pas du tout garde à nous....

» Nous lançâmes six espaures à l'eau avec des

peines infinies. Six Lascars se cramponnèrent dessus, et la marée les poussa vers la plage, où ils abordèrent heureusement, malgré un ressac très fort.

» Nous voulions les imiter, mais nous étions trop faibles et trop peu nombreux pour remuer une seule espaure. Il ne restait plus à bord que deux femmes, trois vieillards, un homme d'un âge mûr, alité quand le vaisseau coula bas, un jeune garçon et moi.

» Vers midi, nous aperçûmes une troupe considérable de naturels marchant le long de la côte vers l'endroit où nos Lascars étaient couchés. Notre attention devint extrême pour savoir comment ils traiteraient nos compagnons. Ils allumèrent du feu ; et nous conclûmes avec justesse que c'était pour faire cuire du riz ; bientôt après, ils s'avancèrent jusqu'au bord de l'eau et agitèrent leurs mouchoirs comme pour nous faire signe de venir à terre. Décrire notre émotion en ce moment serait absolument impossible : partagés entre la crainte et l'espérance, nous n'étions plus maîtres de nous. »

Les naturels n'avaient pas de canots à offrir aux naufragés, et leur salut était encore un problème. Enfin M. Mackay résolut de s'abandonner à cette divine Providence qu'il avait toujours invoquée. Après avoir pris congé de Mme Bremner en lui promettant un prompt secours s'il était sauvé lui-même, il s'élança à la mer, et après des peines extrêmes, il fut jeté par les vagues sur un rocher de la côte.

Les Indous le recueillirent, et un Birman lui donna son turban pour entourer son corps. Il retrouva bientôt tous ceux qui l'avaient précédé à terre, et la joie qu'il ressentit de sa délivrance fut si grande que sa raison l'abandonna pour quelques instants.

Son premier soin en revenant à lui fut de dépeindre aux naturels la triste situation de Mme Bremner à bord du navire naufragé. « Quelques-uns des naturels, dit-il, me promirent de passer la nuit, parce que la marée, qui montait alors plus haut que dans le jour, amènerait probablement la carcasse du navire plus près de la côte.

» A minuit, on vint me réveiller pour m'annoncer que la dame et son esclave étaient à terre. Je me levái pour aller la féliciter ; je n'ai jamais vu l'expression de la joie plus vivement peinte sur une figure humaine qu'elle ne l'était en ce moment sur le visage de Mme Bremner.

» Elle devait sa délivrance à l'humanité du Birman. Les naturels avaient formé le plan de se partager ses dépouilles ; mais ce brave homme, ayant entendu leur complot, guetta le moment convenable, et avec le secours d'un de ses gens, il sauva cette dame sans stipuler aucune récompense. »

Les naufragés étaient à terre, mais leurs maux n'étaient pas finis. Une pluie glaciale tomba sur

eux toute la nuit, et ils eurent un froid terrible.
Les naturels leur refusaient du riz, à moins qu'ils
ne payassent comptant; et sans Mme Bremner, ils
eussent encore senti les horreurs de la faim. Lors
du naufrage, cette dame avait mis environ trente
roupies dans sa poche, et souvent les soins qu'elle
mettait à les conserver avaient excité les innocentes
railleries de ses compagnons d'infortune. La Providence l'avait inspirée, car cet or sauva toutes
ces vies que les flots avaient respectées et que des
hommes eussent laissées s'éteindre.

Les naturels pillèrent dans le navire tout ce
qu'ils purent trouver de fer, de cuivre et de plomb.
M. Mackay leur fit quelques observations, qui
furent aussi mal accueillies qu'inutiles et qui l'ex-
posèrent à l'animadversion des sauvages. Il fallait
toute la charité du Birman pour que ces barbares
lui donnassent un peu de nourriture.

Les naufragés n'étaient alors qu'à six journées de
marche de Chittagong (1). Mme Bremner demanda et
obtint à prix d'or une litière pour elle et son esclave.
M. Mackay sollicita vainement la même faveur.
Les Indous lui gardaient rancune. Après avoir fait
environ deux milles, M. Mackay s'endormit, et au
réveil il lui fut impossible de faire un pas. Ses

(1) Chittagong ou Islamabad, capitale de la Compagnie des Indes,
au district de même nom, à quatre-vingt-dix milles de Calcutta sur
les frontières du royaume d'Arakan.

compagnons furent obligés de l'abandonner, à l'exception d'un jeune homme qui brava tous les dangers pour ne pas le laisser seul.

« Le jour suivant, dit M. Mackay, nous arrivâmes dans le village où demeuraient nos Indous. Je fus conduit chez le zémindar ou chef du village, qui me reçut avec la plus grande cordialité.... Nous étions à quatre milles seulement de Ramou, premier comptoir de la Compagnie ; cependant le zémindar nous pressa de rester dix à douze jours de plus, disant qu'il nous enverrait à Calcutta par un canot de trente avirons. Je soupçonnai alors qu'il formait le projet de piller entièrement la *Junon*, dont la cargaison encore intacte était une tentation trop forte pour la probité du zémindar.

» Le lendemain, il me prit en particulier, et me dit que bien qu'il n'eût aucune part au pillage de la *Junon*, le magistrat de Chittagong pourrait l'en rendre responsable, et que si je voulais signer un certificat attestant qu'il n'avait participé en rien à ce pillage, il me fournirait un canot pour aller à Ramou ou à tel endroit que je voudrais.

» J'affectai de céder avec empressement à sa proposition ; mais, au lieu de l'attestation demandée, je dressai un précis succinct de nos malheurs, auquel cependant je joignis le certificat. Muni de ces deux pièces, mon homme partit pour Ramou, et le lieutenant Towers, qui y commandait, découvrit la vérité. Il envoya aussitôt un canot et une escorte pour me conduire à Ramou avec tous mes compagnons d'infortune, que j'avais retrouvés au village. A notre arrivée, il vint lui-même nous recevoir et fut profondément affligé à l'aspect de notre misère. Sa sollicitude pour nous fut celle de l'ami le plus tendre, et sa conduite ne sortira jamais de ma mémoire. »

Une garde fut envoyée de Chittagong, où les naufragés étaient enfin arrivés, et les débris de ce malheureux navire furent arrachés à la cupidité qui en faisait sa proie. M. Mackay se rendit, après avoir pris quelques jours de repos, au lieu de ce fatal naufrage, qu'il nomma *la baie de la Junon.* Toute la charpente du bâtiment fut empilée à terre, et le fidèle officier y mit le feu avec un chagrin qui témoignait de son zèle pour les intérêts des propriétaires du bâtiment.

Mme Bremner fut longtemps à recouvrer sa santé et ses forces ; elle contracta à Calcutta un mariage très avantageux, et goûta enfin, après tant de traverses, le bonheur d'une vie calme et aisée.

M. John Mackay, peu de temps après son arrivée à Calcutta, fut nommé au commandement d'un des bâtiments que la Compagnie envoya en Europe en 1796, et reçut ainsi la récompense de son zèle et de sa fidélité.

CHAPITRE IX

Indoustan.

Naufrage du *Sidney*, sur un récif de la mer du Sud,
le 9 mai 1806.

Le navire anglais *le Sidney*, monté par cent huit
hommes d'équipage, presque tous Lascars et Malais,
quitta Port-Jackson (Nouvelle-Hollande), le 12 avril
1806, pour se rendre au Bengale, suivant, pour
passer par le détroit de Dampier, la route tracée
par le capitaine Hogan, commandant du *Cornwallis*.

« Le 29 mai, à une heure du matin, dit dans
sa relation M. A. Forest, capitaine du *Sidney*,
nous touchâmes sur un récif ou banc de corail très
dangereux, situé par le 3°-50' de latitude S., et le
144°-50' de longitude E. Il n'était marqué sur
aucune carte, et je suppose que, pour notre
malheur, nous en avons fait la découverte.

» La marée était haute quand nous touchâmes, car nous n'avions aperçu ni récifs ni brisants ; mais à mesure que la mer baissa, nous découvrîmes un banc et un grand nombre de rochers noirs. Le navire avait heurté avec violence, l'avant commença à s'ouvrir. A trois heures, il y avait six pieds d'eau dans la cale, et elle s'augmentait avec rapidité. A cinq heures, l'arrière de la carène fut échoué, et les œuvres mortes se détachèrent.

« Je tins conseil avec mes officiers ; l'avis unanime fut que le bâtiment était entièrement perdu et que rien ne pouvait le sauver. On s'occupa donc de mettre les canots en état de recevoir l'équipage. On plaça dans la chaloupe huit sacs de riz, six barriques d'eau, un peu de bœuf et de cochon salés. Notre grand nombre nous empêcha de prendre une plus grande quantité de provisions, car les trois embarcations suffisaient à peine pour nous contenir tous.

» Le 31, il y avait trois pieds d'eau dans l'entrepont. Nous jugeâmes qu'il était temps d'abandonner le malheureux navire à son sort et de chercher notre salut dans les embarcations. Je descendis dans la chaloupe avec M. Trounce, premier officier, et soixante-quatorze Lascars. MM. Robson et Halkart, second et troisième officiers, se mirent dans le canot, et quinze Malais avec un Cipaye s'embarquèrent dans la yole (1).

» Comme nous désirions relever la position du récif, qui ne pouvait se faire qu'en prenant connaissance des îles de l'Amirauté, nous dirigeâmes notre route vers ce petit groupe. Le vent fraîchit pendant la nuit. La chaloupe fit beaucoup d'eau : nous l'allégeâmes en jetant à la mer beaucoup d'objets bien utiles et jusqu'à deux barriques d'eau douce. Les trois canots naviguaient de conserve, la chaloupe traînant la yole à la remorque. Je remarquai, au point du jour, que le canot marchait beaucoup mieux que la chaloupe, et je priai M. Robson de remorquer la yole. Malheureusement le vent augmenta, il survint une grosse houle, et la yole croula à fond à dix heures. Nous eûmes la douleur de voir périr sous nos yeux, et sans pouvoir leur donner le moindre secours, les infortunés qui montaient cette petite embarcation.

» Le 2 juin, à midi, nous aperçûmes les îles de l'Amirauté à trois ou quatre lieues de distance, et d'après la direction que nous avions suivie depuis le récif jusqu'à ce point, nous fûmes en état de fixer exactement la position de cet écueil.

» En quittant ces îles, nous fîmes voile à l'ouest, et le 5, nous vîmes une petite île, où je résolus d'aborder pour faire de l'eau. Comme la pluie avait mis

(1) Petit canot très léger qu'on suspend à l'arrière des gros navires.

nos fusils hors d'état de servir, je m'armai, ainsi que M. Robson et vingt de nos meilleurs matelots, de lourdes massues apportées de la Nouvelle-Calédonie, et je pris terre malgré un ressac très fort. Autant que nous en pûmes juger à leur suprise, les habitants de cette île n'avaient jamais vu auparavant de gens de notre couleur. Les hommes étaient grands et bien faits ; ils portaient leurs cheveux tressés et redressés au-dessus de leur tête ; ils ne ressemblaient ni aux Malais ni aux Cafres ; et, à l'exception de leur teint, qui était d'un jaune cuivré, ils avaient les formes et les traits des Européens. Les femmes étaient bien faites et avaient les traits doux et agréables.

» Une trentaine de naturels nous reçurent sur le rivage ; ils nous donnèrent un coco à chacun, et comme nous réussîmes à leur faire comprendre que nous avions besoin d'eau, ils nous firent signe de les suivre dans l'intérieur de leur île. Après avoir marché pendant près d'un mille, ils nous conduisirent vers un bois très épais ; leur nombre s'accroissait rapidement, et je jugeai qu'il serait imprudent d'aller plus loin.

» Nous retournâmes vers le rivage, et là je vis avec effroi un rassemblement de plus de cent cinquante naturels, armés de lances de dix ou douze pieds de long. L'un d'eux, vieillard d'un aspect vénérable, qui avait l'air d'être leur chef, s'avança et jeta sa lance à mes pieds, sans doute pour nous faire connaître qu'ils désiraient que nous déposassions aussi nos massues. Nous apercevant en ce moment qu'une troupe de femmes s'efforçaient de tirer le canot à terre, nous nous hâtâmes de regagner la chaloupe. Les naturels nous suivirent pied à pied ; quelques-uns dirigèrent leurs lances sur nous pendant que nous faisions retraite : plusieurs de ces armes furent même lancées après nous, mais heureusement sans succès. Ils étaient peu habiles dans le maniement de leurs sagaies.

» Quand j'entrai dans l'eau, deux ou trois insulaires me suivirent en me menaçant de leurs javelots ; et quand je fus à portée de la chaloupe, un d'eux me lança son arme, dont M. Robson para le coup. Comme nous poussions au large, ils nous assaillirent d'une grêle de traits. Il en tomba au moins deux cents autour de nous, dont un seul blessa grièvement le cuisinier ; il était entré audessus de la mâchoire et lui avait percé la bouche.

» Après avoir échappé à cette perfide attaque, nous poursuivîmes notre route jusqu'au détroit de Dampier. Les Lascars, se voyant à portée de la terre, témoignèrent une extrême impatience d'être débarqués. Ils ne voulurent écouter aucune représentation, et me déclarèrent qu'ils aimaient mieux risquer de trouver la mort en mettant pied à terre que de mourir certainement de faim en restant dans

les embarcations. Cédant à leurs importunités, je
finis par me décider à les débarquer à la pointe
N.-O. de l'île de Céram (1), d'où ils pouvaient en
deux ou trois jours gagner Amboine. Le 9 juin,
nous nous trouvâmes vis-à-vis de cette île, et
M. Robson consentit à mettre à terre un certain nombre des hommes du canot, puis à revenir à la chaloupe. Il alla donc à terre avec cette petite embarcation ; mais à mon grand chagrin, après l'avoir
inutilement attendu deux jours, nous perdîmes
l'espoir de le voir revenir ainsi que le canot.

» Nous en conclûmes que nos gens avaient été
retenus par les Hollandais ou par les naturels ;
cependant, comme le reste des Lascars demandait à
être débarqué, nous portâmes vers la côte, et nous
les mîmes à terre près du point où nous supposions
que le canot avait déposé son monde.

» Nous n'étions plus que dix-sept dans la chaloupe : MM. Trounce et Nalkart, quatorze matelots
et moi. Nos provisions consistaient en deux sacs de
riz et une barrique d'eau entamée, que nous supposions pouvoir durer jusqu'à Bencoulen (2), où nous
résolûmes d'aller au plus vite. La ration de chaque
homme fut fixée à une tasse de riz et à une pinte

(1) L'une des îles Molusques, au nord d'Amboine, qui tient au même
groupe dans la mer du Sud , possession hollandaise.

(2) Établissement européen sur la partie occidentale de l'île de
Sumatra, aujourd'hui aux Hollandais.

d'eau par jour, et nous fûmes bientôt obligés de réduire encore cette faible quantité.

» En passant par le détroit de Brantam, nous vîmes plusieurs barques de Malais, qui ne prirent pas garde à nous : il y en eut cependant une qui nous donna la chasse pendant un jour, et qui aurait fini par nous atteindre si nous ne nous fussions pas échappés à l'aide de l'obscurité de la nuit.

» Le lendemain, nous prîmes un gros requin. Cette capture précieuse nous redonna du courage. Nous nous empressâmes de le tirer à bord et de le faire rôtir à un feu que nous allumâmes dans le fond de notre embarcation. Nous avions une faim si dévorante, qu'à la fin du jour il ne resta pas un morceau de cet énorme poisson, qui ne pesait par moins de cent cinquante livres. Nous en fûmes cruellement punis ; le lendemain, nous souffrîmes tous dans l'estomac et les entrailles des douleurs si violentes et qui nous réduisirent à un tel abattement que nous désespérions de notre guérison.

» Le 2 juillet, je perdis un vieux et fidèle domestique, qui mourut de faim. Le 4, nous eûmes connaissance de la pointe de Java ; nous prîmes, le même jour, deux poissons qui nous procurèrent un repas dont nous avions le plus grand besoin.

» Le 9, à minuit, nous mouillâmes vis-à-vis de Poulo-Penang, sur la côte occidentale de Sumatra ; mais quand, au point du jour, nous voulûmes lever l'ancre pour nous approcher de la côte, nous étions si exténués que nous ne pûmes effectuer cette opération. Nous fîmes le signal de détresse ; un champang (1) monté par deux Malais vint à nous. Comme j'étais le seul à bord qui eus encore assez de force pour me remuer, j'allai à terre avec eux ; mais j'étais si faible que je tombai par terre en débarquant, et l'on fut obligé de me porter à une maison voisine. On envoya ensuite à ma chaloupe tous les vivres que l'on put se procurer, et nous nous remîmes avec tant de promptitude qu'en deux jours nous fûmes en état de continuer le voyage. Nous levâmes l'ancre le 12 juillet, et nous arrivâmes à Bencoulen.

» J'eus le bonheur d'y trouver un ancien ami, M. Chauvet, commandant *la Persévérance*, dont les bons soins et l'humanité resteront à jamais gravés dans mon souvenir. M. Pan, résident anglais, me combla aussi des plus obligeantes attentions.

» Je partis le 17 août sur *la Persévérance*, et j'arrivai le 27 à Penang, où je fus agréablement surpris de rencontrer M. Robson, mon premier maître, qui avait débarqué à Ceram avec les Lascars. Ils avaient heureusement atteint Amboine, où M. Cranstoun, gouverneur hollandais, les avait accueillis avec une humanité et une bienveillance

(1) Petit bâtiment en usage dans les mers de l'Inde et de la Chine pour le transport des passagers ou des marchandises.

qui font le plus grand honneur à son caractère. Il fournit à tous leurs besoins, fit manger Robson à sa table, lui donna, à son départ d'Amboine, de l'argent pour lui et ses gens, sans vouloir accepter ni billet ni reconnaissance. Enfin il remit à Robson des lettres de recommandation très vives pour le gouverneur général de Batavia. On ne peut trop faire connaître cette noble conduite d'un gouverneur envers des étrangers dont le pays est en état de guerre avec le sien. »

Après avoir ainsi erré et langui deux mois sur les mers, M. Forest s'embarqua à Penang, et arriva heureusement à Calcutta au mois de mai 1807.

CHAPITRE X

Indoustan.

Naufrage de l'*Alceste*, frégate anglaise, sur un récif inconnu dans le détroit de Gaspar, en 1817, et belle conduite du capitaine et de l'équipage devant une flottille de pirates malais.

Après avoir repris à Canton lord Amherst, ambassadeur d'Angleterre en Chine, la frégate anglaise *l'Alceste* prit terre à Manille (1) le 3 février 1817, et le 9 fit voile pour l'Angleterre, dont les ports ne devaient jamais s'ouvrir pour elle.

Le récit de ce naufrage est extrait de la relation publiée par M. John Mac-Lead, chirurgien à bord de cette frégate.

« Nous trouvant le 14 février hors des parages dangereux de la mer de la Chine, dit cet officier, nous prîmes la route ordinaire pour passer par le

(1) Manille ou Luçon, la plus considérable des îles Philippines, dans la mer des Indes.

détroit de Gaspar (1). Dans la matinée du 18, nous eûmes connaissance de l'île de Gaspar ; après l'avoir doublée, nous fîmes route par le détroit en prenant toutes les précautions nécessaires, en approchant d'une côte ou d'un détroit encore peu connus.

» Les sondes donnaient des résultats conformes aux cartes : nous suivions exactement la ligne que prescrivaient celles-ci pour éviter les dangers. Tout à coup, à sept heures du matin, le vaisseau toucha avec un fracas épouvantable sur un récif de rocher caché sous les eaux, et y demeura retenu.

» On reconnut bientôt que toute tentative pour dégager la frégate aurait les suites les plus funestes. Les avaries que *l'Alceste* avait déjà éprouvées devaient le faire couler à fond en quelques minutes s'il quittait le récif. On mouilla donc la meilleure ancre de toutes pour assurer le bâtiment, et on cessa aux pompes un travail désormais inutile.

» Le lieutenant Hoppner reçut l'ordre de prendre, dans le cutter (2) et la chaloupe, l'ambassadeur, sa suite et tous ceux dont la présence n'était pas indispensable à bord, et de les débarquer sur une île qui se trouvait environ à trois milles et demi de nous. Le capitaine et tous les officiers restés à bord travaillèrent pendant ce temps à sauver toutes les

(1) Entre Banca et la petite île de Gaspar, près de l'Ile de Biliton. Le détroit de Banca sépare Banca de Sumatra.
(2) Petit bâtiment avec un seul mât et une seule voile.

provisions qu'il fut possible d'atteindre et à construire un radeau pour les conduire à terre.

» Nous apprîmes, au retour des embarcations, que le débarquement était difficile. Des mangliers couvraient les bords de l'île jusqu'à une distance assez considérable en mer, et il avait fallu côtoyer le rivage pendant près de trois milles pour trouver une petite ouverture, puis grimper d'un rocher sur un autre pour atteindre le rivage.

» Au retour de la marée montante, les flots soulevèrent la frégate, et la firent retomber si violemment sur les rochers qu'à minuit il devint indispensable de couper le mât de perroquet. Le 19, j'allai à terre avec deux hommes blessés dangereusement par la chute des mâts. Je trouvai l'ambassadeur et tout notre monde, n'ayant pour tout vêtement que leur chemise et leur pantalon. Ils étaient campés sous des arbres touffus.

» Lord Amherst, apprenant qu'on n'avait pas encore pu trouver de l'eau douce à terre, fit rassembler tous ceux qui se trouvaient avec lui, et ordonna de distribuer à chacun, sans distinction, un verre de celle que l'on avait apportée la veille; il y fit ajouter un demi-verre de rhum, et prit sa portion avec une résignation et une gaieté qui produirent le meilleur effet sur les naufragés, quand ils virent un homme de son rang disposé à supporter courageusement les privations de tous.

» On creusa la terre pour découvrir de l'eau ; elle était toujours salée. Un squelette humain que l'on trouva en creusant, nous fit concevoir l'affreuse pensée que c'était peut-être celui d'un homme mort de soif.

» Le capitaine Maxwel vint se concerter avec lord Amherst sur le meilleur parti à prendre dans des conjonctures aussi critiques. Les embarcations ne pouvaient transporter que la moitié de l'équipage. Il fallait que quelqu'un gagnât le port le plus voisin pour demander du secours. On convint que l'ambassadeur et sa suite se rendraient à Batavia, d'où l'on enverrait des bâtiments pour prendre le reste de l'équipage.

» On était dans la mousson du nord-ouest, et trois jours suffisaient pour arriver à Java. L'ambassadeur partit vers cinq heures du soir, accompagné de sa suite, du lieutenant et d'un détachement de gardes, pour pouvoir se défendre dans le cas où on serait rencontré par des pirates malais dont ces parages sont infestés. Nous restâmes deux cents dans l'île.

» Le capitaine désigna des travailleurs pour creu_ ser un puits dans un endroit que plusieurs indices semblaient présenter comme favorables. Il fit ensuite transporter notre bivouac au sommet de la colline, où on respirait un air plus frais et plus pur. Notre petite provision de vivres fut déposée sous bonne garde dans un magasin naturel que nous offrirent des quartiers de rochers. Deux fois par jour on allait au vaisseau pour tâcher de sauver quelque chose.

» Dans la matinée du 20, le capitaine fit assembler tout l'équipage, et déclara qu'aux termes des règlements de la marine chacun était tenu à la même obéissance qu'à bord ; qu'il ferait observer la discipline avec plus de rigueur encore, s'il était nécessaire, parce que le salut général en dépendait. Il ajouta qu'il recommanderait avec plaisir les hommes qui se distingueraient par leur bonne conduite ; que quant aux provisions, elles seraient distribuées avec économie, mais avec la plus stricte égalité, jusqu'à l'arrivée des secours promis par lord Amherst.

» Depuis deux jours, tout le monde était horriblement tourmenté par la soif. Enfin le puits donna à chacun environ une pinte d'eau douce dont le goût se rapprochait de celui du lait de coco, et qui nous parut un précieux bienfait du Ciel.

» Le 21, un détachement qui avait passé la nuit sur l'*Alceste* se trouva entouré per des pirates malais bien armés et bien équipés. Nos gens, qui n'avaient pas d'armes, se jetèrent dans leurs canots. Les pirates leur donnèrent la chasse ; mais deux canots que nous envoyâmes au secours des nôtres firent prendre aux forbans la résolution de retourner à l'*Alceste* et d'en prendre possession. Bientôt ils débarquèrent sur l'île à environ deux milles de nous.

» On s'arma alors du mieux possible. On fit des piques avec de jeunes arbres que l'on coupa, et qu'on garnit par un bout de petites lames d'épées et de couteaux, de clous et de morceaux de fer aiguisés. Un bois très dur taillé en pointe et passé au feu fournissait encore une arme passable à ceux qui n'avaient pas de fer. Douze sabres, trente fusils et autant de baïonnettes, soixante-quinze cartouches et la poudre retirée des canons au moment du naufrage composaient tout notre arsenal.

» On abattit de gros arbres, et on en forma une espèce de retranchement qui nous mettait à couvert contre les attaques d'ennemis dépourvus d'artillerie. Un détachement envoyé à la découverte nous apprit que les Malais n'étaient pas dans l'île, mais seulement sur les rochers voisins, où ils déposaient tout ce qu'ils pouvaient piller sur l'*Alceste*.

» Le capitaine passa une revue générale, forma des compagnies et assigna des postes. Les canots furent remorqués près du rivage, et un peloton veilla à leur conservation. A une alarme donnée pendant la nuit, chacun fut à son poste sans bruit et sans la moindre confusion.

» Le 22, quelques Malais approchèrent; un officier et quatre hommes partirent aussitôt portant à la main une branche d'arbre chargée de feuilles, symbole de paix universellement reconnu, et firent aux insulaires des signes d'amitié. Tout fut inutile, les Malais ne voulaient que reconnaître notre position, et retournèrent bien vite à leurs rochers.

» Alors le capitaine ordonna à M. Halay, lieutenant en second, d'aller reprendre possession du vaisseau de gré ou de force. Quand les pirates des rochers virent nos trois canots en mer, ils se hâtèrent de charger sur leurs barques les objets qu'ils avaient pillés, et prirent le large. Deux de leurs barques étaient encore près de l'*Alceste*; à la vue de nos embarcations et de la fuite de leurs compagnons qui abandonnaient leurs rochers, elles poussèrent au large après avoir mis le feu à la frégate. En un instant elle fut la proie des flammes.

» Tout espoir fut alors perdu de s'entendre avec les Malais. Ceux surtout qui infestent les parages voisins de Bornéo, de Biliton (1) et les côtes les moins habitées de Sumatra, sont peut-être les hommes les plus farouches et les plus féroces de l'univers. Les Malais nous rendirent pourtant service en incendiant *l'Alceste*; car nous voulions nousmêmes brûler toute sa partie supérieure pour que les objets utiles qui se trouvaient au fond pussent surnager et venir à notre portée.

» Une alarme soudaine fit encore courir aux armes pendant la nuit. Un matelot aperçut quelqu'un qui s'avançait vers son poste; il cria *Qui vive !* ne reçut

____

(1) Ile habitée par des pirates malais, à l'est de Sumatra. Elle appartient aux Hollandais.

pas de réponse et tira. On reconnut bientôt que le visiteur nocturne était d'une espèce rien moins qu'humaine. C'était un babouin, race de grands singes que nous avions trouvée établie dans l'île et qui nous en disputait la possession.

» Le dimanche 23, on envoya les embarcations à la frégate qui fumait encore. On en rapporta des caisses de vin, des barils de farine et une tonne de bière qui flottaient. Quel présent du Ciel, et comme notre reconnaissance l'en bénit! On fit distribuer à l'instant une pinte de bière à chacun, ce qui fut suivi de trois acclamations d'allégresse. Nos ennemis s'étaient retirés derrière une petite île nommée Poulo-Tchalacca (île du Malheur), située à environ deux milles de la nôtre. Ils semblaient y attendre des renforts.

» Nos canots rapportèrent, le 24, des barils de farine, des caisses de vin, une quarantaine de piques et dix-huit fusils. On fit des cartouches avec le peu de poudre que nous avions sauvée, et on fondit du plomb et des ustensiles d'étain pour faire des balles. Le même jour, un puits creusé au pied de la colline fournit de l'eau claire et abondante, et ce fut pour nous un grand soulagement.

» Le lendemain, à la pointe du jour, on découvrit deux bateaux qui traînaient chacun un bateau à la remorque et s'avançaient vers nos embarcations. M. Hay avait été de garde la nuit à bord des canots, et donna la chasse aux pirates. Près d'être atteints, ils tirèrent sur nos gens. M. Hay répondit en faisant feu du seul fusil qu'il eût. Les Malais alors lancèrent des dards et des sagaies qui n'atteignirent personne. Le lieutenant fit jeter le grapin, montant à l'abordage, tua quatre hommes aux Malais ; cinq de ceux-ci se jetèrent à la mer ; trois autres, dont un dangereusement blessé, furent faits prisonniers.

» L'air morne et sombre de ces malheureux annonçait qu'ils se regardaient comme voués à la mort ; mais quand ils virent qu'on les déliait, qu'on leur offrait de la nourriture, et surtout qu'on enterrait avec piété le corps de leur camarade mort dans la traversée, ils parurent rassurés et presque satisfaits.

» Quatorze grandes barques venant du côté de Banca allèrent mouiller derrière Poulo-Tchalacca. Le lieu où elles mouillèrent se trouvant celui convenu pour le débarquement lors du départ de lord Amherst, nous crûmes que c'était le secours attendu de Batavia. Le drapeau de l'ambassade fut arboré par nous au sommet de la colline, et les étrangers au même instant en firent flotter un en haut de leurs mâts.

» Le capitaine envoya vers eux avec un détachement, les étrangers en expédièrent un avec un étendard. Tout à coup les Malais, car nous les reconnûmes pour tels, s'arrêtèrent, et le porte-drapeau s'avança seul : on en fit autant de notre côté. Les deux députés, après force saluts cérémonieux, se prirent la main, et les Malais, réunis aux nôtres, vinrent amicalement avec eux dans un lieu où le capitaine Maxwell se trouvait avec plusieurs officiers.

» Persuadés que ces hommes étaient des amis envoyés à notre secours, nous nous livrâmes à la joie ; mais ce sentiment ne fut pas de longue durée. Ces Malais appartenaient à une tribu errante, et cherchaient sur ces côtes une herbe marine dont les Chinois sont très friands.

» Le rajah ou chef avait envoyé en présent du lait et du coco ; et quelques personnes pensaient que ces hommes pourraient nous conduire à Jaya, et que leurs forces unies aux nôtres nous préserveraient des attaques des pirates. Mais la défiance qu'inspirait le caractère perfide de la nation malaise nous laissait indécis. La matinée du 27 fit cesser toute indécision à ce sujet ; car ayant découvert la carcasse de notre frégate, tous nos chercheurs d'herbe y coururent pour la piller.

» Le 28, les Malais étaient encore occupés autour de la frégate. Un de leurs bâtiments s'avança vers l'île dans l'après-midi ; un de nos canots s'avança à leur rencontre. Aussitôt la barque retourna vers la flottille.

» Le 1er mars, quatorze nouvelles barques venant du nord se joignirent aux Malais. Tous travaillèrent avec ardeur au dépècement du vaisseau. Des renforts nombreux leur arrivèrent pendant la nuit, et le lendemain à la pointe du jour, laissant les pirogues continuer le pillage, ils firent avancer vingt de leurs plus grosses barques vers l'île, et tirant une de leurs pièces d'artillerie, battant leurs tambours et poussant des hurlements affreux, ils vinrent mouiller en ligne à une encablure de notre baie : en un instant nous fûmes tous sous les armes.

» Nos préparatifs terminés, on vit que nos ennemis ne faisaient aucune tentative de débarquement. Un officier sortit dans un canot et leur fit des démonstrations d'amitié. Après quelques moments de délibération, un de leurs bâtiments s'approcha du canot ; mais ces pourparlers n'eurent pas l'effet attendu, et nous fournirent seulement une nouvelle preuve du caractère pillard des Malais. Quelques-uns s'éprirent d'une telle passion pour la chemise et le pantalon d'un mousse, qu'ils étaient prêts à l'en dépouiller ; ils n'osèrent pourtant user de violence pour obtenir la possession de ces objets tant désirés.

» Les forces ennemies augmentaient rapidement ; elles se composaient de cinquante barques au moins, portant, les plus grandes de seize à vingt hommes, les plus petites de sept à huit, de sorte que les Malais étaient à peu près au nombre de cinq cents. Ils établirent autour de nous un blocus rigoureux et serrèrent étroitement notre baie, surtout à marée haute, de crainte que nos canots n'en profitassent pour leur échapper.

Lés Malais, que nous avions considérés comme nos amis, s'avancèrent comme pour parlementer. On s'approcha d'eux, et ils nous prévinrent, qu'eux exceptés, tous les autres avaient contre nous de mauvaises intentions et devaient nous attaquer la nuit suivante. Ils offrirent de nous envoyer une partie de leur troupe pour nous defendre. Leur conduite antérieure et leur liaison avec les autres Malais prouvaient si évidemment la pérfidie de cette offre que nous la refusâmes en leur faisant entendre que nous saurions bien nous défendre nous-mêmes. Ils retournèrent vers leur flotte, qui prit aussitôt une attitude menaçante.

» Le soir, à huit heures, le capitaine Maxwell passa la revue et adressa aux hommes de l'équipage une allocution pleine de bravoure et de nationalité. La persuasion où ils semblaient être d'une complète victoire passa dans tous les cœurs, et de bruyantes acclamations répondirent trois fois aux paroles du brave capitaine. Tel était l'enthousiasme universel, qu'une alarme ayant été donnée pendant la nuit, chacun fut à son poste avec la rapidité de l'éclair, et qu'on éprouva le plus vif chagrin en voyant que cette alarme était fausse.

» Notre situation devenait de plus en plus critique, et la diminution journalière de nos faibles provisions nous obligeait à adopter sans délai une mesure désespérée. On formait mille projets divers pour tenter de vaincre ou de mourir, quand, vers midi, un officier, étant monté sur l'arbre élevé qui nous servait d'observatoire, aperçut un bâtiment qu'il jugea trop considérable pour appartenir aux Malais. Quelqu'un grimpa sur l'arbre avec un télescope ; mais le navire disparut pendant vingt minutes sous un nuage épais. Quand le nuage se dissipa, l'observateur nous annonça que c'était réellement un navire européen et qu'il s'avançait vers l'île à pleines voiles.

» Décrire la joie qui éclata parmi nous à cette nouvelle serait impossible à la plume la plus éloquente. On arbora le pavillon de l'ambassade à la cime de l'arbre, et tous, d'une seule voix, nous bénîmes le Seigneur.

» Les pirates firent bientôt la même découverte que nous. Nous pensâmes qu'en doublant tout à coup les récifs, nous pourrions mettre sous notre feu quelques-uns de leurs bâtiments et nous en emparer ; mais ils soupçonnèrent sans doute notre projet ; car dès que nos gens parurent sous les maugliers qui bordaient le rivage, la barque malaise la plus proche tira un coup de canon, et toutes partirent au même instant. Ce fut là encore un miracle de la Providence, car si les Malais eussent conservé leur position, ils auraient pu couper toute communication entre le navire et nous.

» Ce vaisseau libérateur, qu'un de nos canots

reconnut aussitôt que le blocus fut levé, était *le Ternade*, bâtiment de la Compagnie des Indes, envoyé à notre secours par lord Amherst.

» Notre canot vint nous rejoindre, apportant cette heureuse nouvelle, et nous employâmes la nuit du 3 au 4 et cette journée tout entière à disposer tout ce que nous avions sauvé de l'*Alceste*.

» Le 5, le cutter du *Ternade*, qui n'avait pu aborder la veille, arriva, et avec lui deux canots, chargés d'une caronade de douze, de boulets, de mitraille, de poudre et de balles, qu'envoyait le navire dans le cas où les pirates voudraient mettre obstacle à notre départ.

» Le 6, la plus grande partie de notre monde s'embarqua dans les canots et arriva heureusement au bâtiment. Ceux qui étaient restés dans l'île ramassèrent tous les objets qu'on pensait pouvoir être utiles ou agréables aux perfides Malais, et en firent un feu de joie. A minuit, les canots revinrent à l'île pour chercher le capitaine Maxwell et ceux qui étaient demeurés avec lui.

» Nous traçâmes, avant notre départ, sur les rochers de l'île la date de notre départ, et le 7, après-midi, nous dîmes adieu à ce triste séjour. Cette île se nomme Poulo-Lit ; elle a environ six milles de long sur cinq de large, et fait partie de la chaîne d'îles qui se trouve entre Bornéo et Canca, dont elle est voisine. Son sol serait susceptible de culture.

On y trouve l'arbre à cachou et le mangoustan. »

Lord Amherst et les officiers de l'équipage de l'*Alceste* quittèrent Batavia le 12 avril, pour retourner en Angleterre. Ils relâchèrent le 27 juin à l'île Sainte-Hélène, où lord Amherst et les officiers de l'*Alceste* eurent une entrevue avec cet illustre captif devant qui le monde avait tremblé, et qu'une tempête aussi avait jeté par l'ordre de Dieu dans cette solitude où s'expiait sa renommée. Moins heureux que ses visiteurs, il ne devait jamais revoir le sol natal.

Une cour martiale fut tenue à Porstmouth pour juger la conduite du capitaine Maxwell. Il fut unanimement reconnu que la conduite ferme et pleine d'humanité de ce brave marin avait inspiré la confiance et soutenu le courage de ses gens, et que la perte du navire qu'il commandait ne devait être imputée qu'à une impossibilité réelle de secourir et de sauver l'*Alceste*.

Lord Amherst rendit le plus éclatant témoignage à ses talents maritimes, et déclara que les événements de ce voyage n'avaient fait qu'accroître la haute estime et l'affection qu'il avait déjà pour ce brave officier. Le capitaine et ses compagnons furent pleinement et honorablement acquittés.

CHAPITRE XI

Perte du *Nautilus*, corvette anglaise, sur un rocher
de l'Archipel, le 5 janvier 1807.

Le capitaine Palmer, commandant la corvette de
guerre *le Nautilus*, partit du détroit des Dardanelles
chargé de dépêches importantes pour l'Angleterre.
En doublant Tenedos, il vit deux vaisseaux de ligne
à l'extrémité septentrionale de cette île. Ils arborèrent
pavillon turc, et *le Nautilus* hissa pavillon anglais.

La nuit approchait, et tout faisait penser qu'elle
serait obscure et orageuse. Le lendemain, on vit
Falconera et Anti-Milo. Le pilote, ayant déclaré
qu'il ne connaissait pas les parages où l'on se trouvait, remit au capitaine la conduite de la corvette.
M. Palmer avait reconnu Falconera et désirait s'ac-
quitter de sa mission avec toute la célérité possible;

mais, par précaution, il mit le navire en travers pendant toute la nuit.

Cette nuit fut très sombre et seulement éclairée par des sillons de feu qui se croisaient dans le ciel. Une grosse mer poussait la corvette en avant, et ces lames blanches et mousseuses où se reflétaient les éclairs, ce vent dont les échos répétaient les mugissements, tout donnait à la scène qui se passait un caractère solennel et redoutable.

On découvrit une terre haute vers deux heures et demie après minuit, et présumant que c'était Cerigotto, on se crut hors de tout danger. On tournait pour doubler l'île, quand le matelot en vigie s'écria : « Brisants à l'avant! » La corvette toucha aussitôt avec une telle violence que plusieurs matelots furent jetés hors de leurs lits et que l'eau entra de toutes parts dans le bâtiment.

Le capitaine accourut sur le pont et chercha, ainsi que M. Nesbit son second, à calmer les alarmes de l'équipage ; puis il rentra dans sa chambre, et brûla ses papiers et ses signaux particuliers. La corvette soulevée par les vagues retombait sur les rochers et faisait entendre de sinistres craquements. Bientôt les hommes de l'équipage furent obligés de se réfugier sur les haubans, où ils restèrent exposés aux coups de mer qui venaient les frapper sans cesse et au froid glacial de la nuit. Au point du jour, on aperçut un petit rocher peu éloigné.

Le mât tomba de ce côté ; on résolut de s'en servir pour atteindre ce triste refuge.

La confusion et le tumulte qui régnèrent à ce moment ne peuvent se décrire. Plusieurs hommes se noyèrent ; d'autres eurent les membres horriblement mutilés. Le capitaine Palmer refusa de quitter son poste tant qu'il resta quelqu'un à bord. Ce retard pensa lui devenir funeste. Quelques matelots affrontèrent, pour le sauver, la fureur des vents et des vagues. Sans ce secours, il périssait infailliblement.

Le premier lieutenant était arrivé heureusement au rocher, en profitant de l'intervalle d'une lame à une autre. On allait l'imiter, lorsqu'une immense quantité de pièces de bois vinrent flotter dans le petit détroit qui séparait du rocher. Il fallait pourtant le franchir, malgré cet obstacle ; le choc des pièces de bois blessa cruellement la plupart des malheureux naufragés ; les pointes aiguës des rochers déchiraient et ensanglantaient leurs pieds, et pas une partie de leurs corps meurtris n'était sans plaies et sans douleurs.

Le jour, en éclairant cette scène de désastre, apprit aux Anglais toute l'horreur de leur situation. Les débris de la pauvre corvette étaient épars sur la mer. Plusieurs de leurs camarades, ballotés par les vagues, défendaient un reste de vie contre la fureur des flots. Les morts et les agonisants étaient confondus ensemble, et la même vague les poussait vers l'éternité.

L'âme brisée par leur propre malheur, les naufragés du *Nautilus* avaient encore à déplorer les angoisses de leurs amis, de leurs compagnons qu'ils voyaient périr sans pouvoir leur porter aucun secours. Aussi le plus affreux désespoir régnait parmi eux ; et le capitaine, dont le noble cœur s'élevait au-dessus du danger, cherchait vainement à faire entendre des paroles de résignation.

Ils reconnurent qu'ils étaient jetés sur un banc de corail à fleur d'eau, situé au moins à douze milles des îles les plus prochaines, Cerigotto et Péro. On parla bientôt d'un petit canot sur lequel naguère plusieurs hommes s'étaient sauvés ; souvenir d'espérance que Dieu envoyait aux naufragés et qui ranima leur courage.

Le temps était froid, les naufragés étaient à demi nus, et l'eau coulait de leurs vêtements. Un matelot avait sur lui un briquet ; la mer avait jeté sur le rivage un petit baril de poudre ; on alluma du feu, on fit une tente avec un morceau de voile, et ainsi ces pauvres gens eurent un abri contre les rigueurs de la saison. Le feu fut soigneusement alimenté par tout ce qu'ils purent retirer des débris du bâtiment. Ce feu pouvait être aperçu et devenir un moyen de délivrance,

Cet espoir ne fut pas tout à fait déçu. Le second

jour depuis le naufrage, les réfugiés du rocher virent approcher d'eux un canot qu'ils reconnurent bientôt pour celui de la corvette. Le contremaître Georges Smith s'y était placé avec neuf matelots, et ils étaient abordés heureusement à la petite île de Péro. Ils n'y trouvèrent que les moutons et les chèvres appartenant aux habitants de Cerigotto qui ne viennent à Péro que pour chercher les agneaux et les cabris de leurs troupeaux. Smith aperçut le feu allumé sur le rocher, et pensant que les hommes du *Nautilus* pouvaient s'y être refugiés, il proposa d'aller à leur secours ; quatre hommes l'accompagnèrent.

En se revoyant, tous poussèrent des cris de joie, et quelques hommes entrèrent dans le canot, malgré un ressac violent qui tourmentait ce frêle esquif. Smith engagea le capitaine Palmer à l'accompagner, mais il refusa constamment. « Non, Smith, lui dit-il, sauve tes malheureux camarades et ne t'inquiète pas de moi!... » Il engagea Smith à prendre dans son canot leur pilote qui était Grec, et à tâcher de gagner Cerigotto, où de pauvres pêcheurs habitaient, sûr qu'ils viendraient en aide à leur détresse.

A peine le canot avait-il disparu aux regards des réfugiés qu'une tempête affreuse se déchaîna. L'eau monta si haut qu'elle éteignit le feu et couvrit presque tout le rocher. Les pauvres naufragés furent contraints à gagner la partie la plus élevée qui seule leur offrait un refuge. Là, quatre-vingt-dix infortunés, pour se raidir contre les vagues qui mugissaient sur leurs têtes, pour ne pas rouler avec elles dans l'abîme qu'elles creusaient sous leurs pieds, n'avaient qu'un petit cordage attaché au sommet du roc et que tous tenaient avec toute la force du désespoir. Plusieurs, épuisés de fatigue, lâchèrent la corde et furent emportés en jetant à leurs amis un cri suprême d'adieu! d'autres tombèrent dans le délire! Tous, par la vue d'une mort qu'un souffle de vent, que le caprice d'une vague pouvait amener à chaque instant, criaient merci au Ciel, et demandaient non plus la vie du temps, mais la paix pour la vie éternelle.

L'orage passa; mais à ses horreurs succédèrent celles de la faim! Puis, quand vint le jour, à la surface de la mer devenue calme, les cadavres de leurs amis flottaient aux yeux des réfugiés. Comme si ce n'était pas pour eux assez des douleurs réelles, ils voyaient, avec le regard de la pensée, le canot et ceux qui le montaient brisés par la tempête et leur dernier espoir englouti avec eux!

Tout à coup une voile leur apparaît. Un navire se dirige vers leur roche ; à cette vue, ils recouvrent leurs forces, et par tous les signaux possibles à leur détresse, cherchent à se faire apercevoir. Le navire s'arrête ; il met son canot à la mer, l'heure de la délivrance est venue!

Le canot arrive, en effet, tout près du récif, il est

monté par des hommes vêtus à l'européenne ; mais après avoir considéré quelques moments les naufragés qui tendent vers eux des mains suppliantes, celui qui gouvernait leur fit un salut avec son drapeau, et à son ordre le canot retourna vers le navire ! C'était encore trop peu de barbarie ; les misérables vinrent piller pendant tout le jour les débris de la corvette, sous les yeux des infortunés qui périssaient de misère sur un rocher stérile ! Honte et mépris sur eux, plus barbares que des sauvages dont souvent la cupidité se tait devant de pareils désastres, et puisse le Dieu des miséricordes leur pardonner ce crime et la mort de tant de malheureux qu'ils auraient pu sauver.

La soif des naufragés devint intolérable ; quelques-uns essayèrent de l'apaiser en buvant de l'eau de mer, mais en quelques heures ils tombèrent dans le délire, et moururent au milieu des plus cruelles souffrances.

Vers minuit, une voix amie vint apporter aux réfugiés quelques consolations. C'était celle du fidèle contremaître qui venait leur annoncer qu'un bateau pêcheur viendrait les prendre dans la matinée. « De l'eau! de l'eau! » s'écria-t-on de tous côtés. Smith en avait apporté dans des vases de terre ; mais on ne put les transporter au milieu des brisants.

Pour la première fois depuis leur naufrage, le soleil vint éclairer les naufragés et réchauffer leurs membres engourdis. L'œil fixé sur la mer, ils attendaient avec toute l'anxiété de la crainte et de l'espérance ce bateau libérateur qu'on leur avait promis ; ce fut en vain, et leurs angoisses s'augmentèrent de toute l'amertume d'une espérance déçue.

Depuis quatre jours, la faim et la soif dévoraient leurs entrailles. Un jeune homme, mort la nuit précédente, n'avait pas été jeté encore à la mer.... ils prièrent Dieu de leur pardonner un acte que semblait légitimer la faim, et ils dévorèrent ces tristes restes.

C'était une impuissante ressource, et la mort frappa bientôt parmi eux. Le premier lieutenant mourut. Le capitaine Palmer, âgé seulement de vingt-six ans, rendit le dernier soupir en exhortant encore à la résignation ses compagnons d'infortune. Il ne s'était pas même plaint d'une blessure grave qu'il avait reçue par le choc d'une pièce de bois en atteignant le rocher, et sa fermeté d'âme, sa confiance en Dieu ne l'abandonnèrent pas un instant.

On parla de construire un radeau pour gagner l'île, et redoublant de courage, ces pauvres agonisants attachèrent ensemble plusieurs morceaux de bois, comptant sur un succès certain. On le mit à la mer, ce radeau construit avec tant de peine ; mais quelques minutes suffirent pour détruire le fruit de tant de labeurs. Saisis d'un nouveau désespoir à cette vue, quelques-uns se précipitèrent sur de petites pièces de bois, et disant adieu à leurs camarades, ils affrontèrent les flots ; des courants

inconnus les emportèrent rapidement, et ils disparurent pour toujours.

Le contremaître revint encore le soir ; il dit aux
réfugiés que les pêcheurs n'avaient pas voulu s'embarquer par le mauvais temps ni lui permettre
d'emmener leurs bateaux sans eux. Si le temps était
beau le lendemain, ils étaient sûrs de leur délivrance. Malgré ces paroles de consolation, douze des
réfugiés se jetèrent à la mer pour gagner le canot ;
deux y entrèrent, un se noya, les autres s'estimèrent
heureux de regagner le rocher.

Vers la fin du jour, leur faiblesse augmenta tellement que leur vue se troublait et s'affaiblissait par
degrés ; ils se couchèrent les yeux tournés vers le
soleil couchant qu'ils n'espéraient plus revoir, et
recommandèrent leur âme à Dieu !

Quelques-uns pourtant vivaient encore le lendemain et virent enfin approcher les bateaux pêcheurs que leur amenait leur fidèle ami. On leur
donna de l'eau qu'ils burent avec des délices indicibles,
et la joie la plus extravagante succéda alors au plus
horrible désespoir. Leurs corps languissants ressentirent un soulagement subit, et ils s'embarquèrent
dans les quatre barques amenées par le contremaître. Sur cent vingt-deux hommes que portait le
Nautilus, cinquante-huit étaient morts de faim, de
soif et de misère !

Les pauvres naufragés arrivèrent le soir même à

Cerigotto, où ils reçurent des habitants la plus généreuse hospitalité. Cette petite île, au sol aride et peu cultivé, est habitée par une douzaine de familles de pêcheurs grecs, vivant dans la plus extrême misère. Leurs maisons, misérables huttes qui consistent en une ou deux chambres à ras de terre, sont construites contre le flanc d'un rocher; les murs sont en argile mêlée de paille. Un tronc d'arbre, placé au centre du bâtiment, supporte un toit de chaume. La nourriture de ce pauvre peuple se compose de pain grossier, de pois bouillis et de chair de chevreau. Mais sous ces misérables abris, les naufragés trouvèrent des cœurs bons et sensibles, qui leur offrirent avec tout l'élan de la charité le peu dont pouvait disposer leur misère.

Les réfugiés du rocher délivrés, Smith s'occupa de ses amis restés à l'île de Péro. Ils avaient vécu de chèvres et de moutons dont ils buvaient le sang après les avoir égorgés.

Une fois réunis, les hommes du *Nautilus* désiraient ardemment se rendre à Cérigo (1); mais les Grecs n'osaient se hasarder en mer par les vents orageux qui régnaient. Enfin, après onze jours, le temps se calma, et les Anglais dirent un affectueux

---

(1) Cette île, célèbre autrefois sous le nom de *Cythère*, est aujourd'hui une des sept îles unies sous le protectorat de la Grande-Bretagne. Elle est située au sud de la Morée; on lui donne vingt-huit lieues de tour.

adieu aux familles de leurs bienfaiteurs, qui pleu-
rèrent de regret en les voyant partir.

Huit heures suffirent pour les conduire à Cérigo,
où M. Manuel Caluci, vice-consul anglais, vint au-
devant d'eux, les fit loger chez lui, en les aidant de
son crédit et de sa bourse, leur rendit tous les services imaginables. L'évêque, le gouverneur et les
principaux habitants du pays témoignèrent aux naufragés la même bienveillance, et tâchèrent, par
toutes sortes de bons soins, de leur faire oublier
leurs malheurs et de leur rendre agréable leur
séjour dans l'île.

Ils y étaient depuis trois semaines, quand ils apprirent qu'un vaisseau russe était mouillé sur la côte
de Morée, à douze milles de distance. Le maître d'é-
quipage du *Nautilus* prit un canot pour se rendre à
bord de ce navire et solliciter le passage. Une bourrasque violente brisa son canot sur les rochers et
pensa lui ôter la vie ; mais il parvint enfin au bâtiment et obtint la grâce qu'il implorait. Le capitaine,
pour obliger en tout ces infortunés, vint jusqu'à
Cérigo ; ils s'embarquèrent sur son vaisseau, et
arrivèrent à Corfou, deux mois après leur naufrage, le 2 mars 1807.

CHAPITRE XII

Archipel.

Perte du vaisseau français *le Superbe*, sur les rochers de l'île de Paros (1), baie de Parckia (2), le 2 décembre 1833.

(Extrait du récit de ce naufrage par M. Jai, chef de la section historique au ministère de la marine.)

Le temps de l'hivernage était venu pour la division française du Levant. La plupart des bâtiments devaient revenir à Toulon passer le temps de la mauvaise saison ; il ne devait rester dans l'Archipel que le vaisseau *la Ville de Marseille* et quelques bâtiments légers.

Le rendez-vous avait été donné par l'amiral Hugon à la partie de l'escadre qu'il devait ramener

(1) Paros, une des *Cyclades*, dans l'Archipel, célèbre par ses beaux marbres qui servirent à produire les chefs-d'œuvre de la statuaire grecque.

(2) Capitale de l'île de Paros, située sur la côte ouest, sur l'emplacement de l'ancienne ville de Paros.

en France. Elle avait ordre de se trouver à Naupli (1).
Le 14 décembre 1833 , au matin , le vaisseau *le
Superbe* et la frégate *la Galathée* appareillèrent de
la rade de Smyrne (2) pour sortir du golfe. Déjà le
mauvais temps s'annonçait, le vent s'élevait, le ciel
se couvrait de nuages, la mer commençait à blan-
chir, tout faisait présager un coup de vent. Cependant ce n'était encore qu'une forte brise d'est ; la
traversée de Smyrne à Naupli pouvait être très
courte, en faveur de cette circonstance. Au lieu donc
de mouiller sur les bancs des salines, comme les
prévisions prudentes de l'amiral leur en avaient fait,
non pas une obligation, mais une ressource en cas
d'apparence de danger, *la Galathée* et *le Superbe*
dégolfèrent, rapidement portés au large par un vent
qui prit bientôt une intensité inquiétante.

Le jour baissait, et avec les approches de la nuit
la brise augmentait progressivement de violence, si
bien que c'était à une tempête que les deux bâtiments allaient avoir affaire, et non plus à une simple
bourrasque.

La Galathée et *le Superbe* se séparèrent bientôt ;
chacun des capitaines manœuvre de son côté, selon
que les exigences de sa position le lui prescrivent.

(1) Naupli ou Napoli, ville forte de l'Argolide , à vingt et une lieues
d'Athènes, capitale du nouveau royaume de Grèce.

(2) Smyrne, au fond d'une grande baie, capitale de l'Anatolie
(Turquie asiatique), compte plus de cent mille âmes de population de
toutes les nations européennes.

La nuit est terrible ; de petites avaries en signalent le commencement, des avaries plus graves succèdent à celles-là. La mer soulevée ballotte la frégate et le vaisseau, qui ne s'aperçoivent plus depuis quelques heures, parce qu'ils ont fait des routes différentes, et que d'ailleurs un brouillard épais voile l'horizon et pèse sur la mer, à ce point qu'il semble qu'il faille une force d'impulsion très grande pour le traverser. De l'arrière du navire, on aperçoit à peine la partie de l'avant.

Tout craque dans la mâture : le vent brise le grand mât de hune du *Superbe* et celui de la *Galathée ;* les voiles éclatent, fouettent avec un bruit horrible, se déchirent en lambeaux, et à la fin sont dévorées par l'ouragan. On a ordonné de les serrer ; mais les hommes sont effrayés de tout ce qui les entoure, et la résolution leur manque ; ils cherchent à se rendre maîtres de cette toile qui se brise sous les efforts du vent ; mais ils renoncent bientôt à des tentatives qu'ils sont désormais incapables de faire réussir. Tous leurs soins tendent à se maintenir comme ils le peuvent sur les vergues, dont le balancement menace les jours de ceux qui pourraient y travailler peut-être, s'ils avaient plus l'habitude et le cœur de vieux matelots. Au surplus, si les équipages parvenaient à serrer les voiles, il ne les sauveraient pas de la rage du vent, car celles qui adhèrent aux vergues par les rabans qui les appliquent sont enlevées aussi. Les dents et les ongles furieux du démon des tempêtes viennent les en arracher.

Quelle épreuve pour ces pauvres marins, fournis à la flotte par l'intérieur de la France! De véritables matelots feraient tête aux dangers ; mais eux, navigateurs de quelques mois, pâlissent et sont abattus. Quelques-uns seulement luttent et conservent une force morale, dont le péril fait comprendre le besoin ; quant aux autres, prières, menaces, exemples donnés par les officiers et par les maîtres, conscience même d'une nécessité d'action rapide et dévouée pour sauver le bâtiment, pour se sauver eux-mêmes, rien ne peut les résoudre à prêter leur concours énergique à ceux que la situation n'a pas démoralisés. Si telle est la position des équipages, quelle doit être celle des capitaines! de quel poids doit être pour eux la responsabilité! Les bâtiments, c'est-à-dire une partie de la force matérielle de la marine; les hommes, c'est-à-dire une partie du personnel de l'escadre, c'est-à-dire encore l'espoir ou le soutien de plusieurs centaines de familles, hommes et bâtiments, il faut tout sauver! Et qui aidera les capitaines? Voilà les états-majors, les maistrances et quelques matelots intrépides ; mais sera-ce assez? Les anciens auraient fait une prière à la Fortune. Pour les chrétiens, ils invoquent Marie, l'étoile de la mer!

Cependant, par miracle, *la Galathée* a donné dans
le passage entre les îles et le cap d'Oro. Il est midi ;
c'est le 15 décembre, et le temps ne s'est pas
amendé ; la brume est toujours épaisse, les côtes
qu'on doit raser de près sont imperceptibles derrière
la couche dense de brouillard. On crie à bord :
Laisse courir et veille devant ! On fait vent derrière
et l'on cherche un refuge. En fuyant, on trouvera
Cérigo ou Cervi ! A la grâce de Dieu !

La mer prend du bâtiment tout ce qu'elle peut
en prendre, elle bat les murailles qui résistent ;
mais les canots suspendus autour de la frégate, la
mer les broie et les enlève entiers ou par morceaux.

Et *le Superbe,* où est-il à cette heure ? Le voilà,
dégarni de voiles, privé de son grand mât de hune,
poussé par des vagues furieuses. Il fuit aussi, lui !
Un vaisseau ! Il semble qu'un vaisseau, ce vaste
corps flottant, ce grand édifice, ce colosse naval,
doive pouvoir résister à toutes les rages de la mer et
du vent ! Non, le vent et la mer sont plus forts
que lui ; ils lui commandent et le contraignent de
céder.

Il a franchi le passage, où ira-t-il ? C'est Paros
qu'il va chercher. Au nord de Paros est une rade
protectrice ; il se dirige vers cette rade, mais l'obscurité est grande, et Nausse, port de salut, où le
vaisseau aurait trouvé un ancrage bon et sûr,

Nausse est manqué. On s'en aperçoit trop tard quand on est déjà dans l'ouest de l'entrée de la baie et qu'on ne peut plus l'aller gagner.

« Laisse arriver! » Cri triste, mais il le faut. D'ailleurs le pilote grec est rassurant. Près de Nausse est une autre petite relâche qu'il connaît bien; il va y faire entrer le *Superbe* : que l'on soit donc calme. On côtoie Paros en cherchant Parekia.

Parekia est dans l'ouest de l'île; le voici, le pilote l'aperçoit, et le vaisseau se dirige vers le port. Il est donc sauvé.

Non, c'est la frégate qui est sauvée. Elle a trouvé un abri dans la baie de Cervi; elle y roule, elle tangue, elle est dûrement cahotée; mais du moins elle se tient sur ses ancres, elle y est en sûreté. Elle y pourra souffrir, elle ne périra pas. Lui, *le Superbe*, périra au port qu'il a si malheureusement cherché.

Il entre; mais tout à coup il s'arrête! Qui le fixe là? que se passe-t-il? Quel trouble, quel tumulte partout! Le navire est mouillé. Qui l'a mouillé? par quel ordre? La confusion est au comble. Enfin on a mouillé, la main de fer tient le vaisseau attaché aux récifs; il se débattra vainement, il faudra qu'il y meure! *Le Superbe* manque de place pour tourner sans danger, il est évident qu'il n'y a plus de salut pour lui. La mâture, secouée par les chocs multipliés du vaisseau sur les rochers, se brise ; un bas mât tombe, et dans sa chute il écrase un homme.

« On a parlé, dit M. Jal, de l'insubordination de l'équipage au milieu des graves circonstances où il se trouvait. On a calomnié l'équipage et le capitaine. Celui-ci a conservé toute son autorité, celui-là toute son obéissance. Prudence, modération, fermeté du côté de M. d'Oysonville ; confiance, soumission, bon vouloir du côté des matelots : voilà ce qu'on doit louer, ce qu'on a eu tort de méconnaître dans certaines correspondances. Placé heureusement pour recueillir des renseignements authentiques, j'ai cherché les témoignages impartiaux, et j'en ai trouvé d'assez nombreux pour que ce que je vais raconter du sauvetage du *Superbe* soit regardé comme la vérité.

» Le 15 décembre, vers trois heures et demie de l'après-midi, le vaisseau, mouillé par ses deux ancres en travers de l'entrée de Parckia, portait, par le mouvement de la lame, l'extrémité postérieure ou le talon de la quille sur un des récifs qui bordent l'entrée de la baie. Il fut bientôt défoncé. Une ouverture, faite à la carène par les chocs successifs, remplit promptement la cale, le faux-pont et la batterie de trente-six. *Le Superbe* alors se pencha sur le côté gauche et resta dans cette position, appuyé sur l'arrière, l'avant flottant encore. Le bâtiment, s'étant rompu, pouvait se partager en deux. Mais ce que redoutait le plus le capitaine d'Oysonville, c'était que la mer vînt à soulever le vaisseau, à le tirer du berceau de rochers sur lequel il était appuyé, et ne rendît, en le poussant au large, toute chance de salut problématique ; car alors la batterie de dix-huit s'emplissait d'eau, et le navire coulait bas. »

Il ne fit rien paraître de ses appréhensions. La terreur avait glacé tous les courages ; chacun se croyait en droit de ne prendre conseil pour son salut que de son désespoir, et se regardait comme dégagé des liens ordinaires de la discipline, tant le *sauve qui peut* semblait alors la seule loi naturelle. Le capitaine s'aperçut de cette disposition, où n'entraient pour rien la malveillance et l'esprit de sédition, mais qu'inspiraient l'inexpérience et le délire de la peur, et il résolut de la combattre et de la vaincre.

« Mes amis, dit-il à ses hommes après les avoir fait assembler sur le pont, avant le naufrage mes pouvoirs étaient grands, vous le savez ; maintenant ils sont immenses, je suis maître absolu. Je n'invoque cette puissance, que me donne la situation grave où nous nous trouvons, que pour arriver plus sûrement à vous sauver tous. La moindre confusion, la moindre hésitation peuvent tout perdre. Ayez confiance en moi, confiance en vos chefs ; obéissez ponctuellement et ne craignez rien. Je

compte sur votre zèle et votre soumission, comme
j'y comptais hier, et je vous préviens que je ferai
fusillé sur-le-champ quiconque aura désobéi. »

Cette petite harangue, prononcée d'un ton paternel mais ferme, et le calme qui régnait sur les
traits du capitaine, produisirent le meilleur effet.
« C'est bien, commandant ; oui, commandant,
nous avons confiance ! » furent la seule réponse à
l'allocution de M. d'Oysonville dont la tenue militaire et le maintien imposant inspiraient le respect
et la crainte.

Le capitaine avait ordonné qu'on tirât des pro-
fondeur du vaisseau tout ce qu'on pourrait extraire
de vivres, de sacs, de munitions, et qu'on montât
ces divers objets dans la batterie supérieure. On y
travaillait, sinon avec énergie, du moins avec un
profond sentiment de son devoir. De fréquents
coups de canon étaient tirés pour appeler les habitants de l'île au secours du vaisseau ; mais la mer
est si furieuse que les barques de Parekia ne peuvent
tenter l'aventure : *Le Superbe* doit périr.

Un second maître d'équipage, nommé Gigoux, se
recommande à Dieu, et, sans avertir personne, se
jette à la mer pour aller décider quelques patrons
de caïques grecs à venir faire le sauvetage. Ce
dévouement, d'autant plus héroïque que le maître
connaissait tous les dangers qu'il allait courir, ne
fut point fatal à Gigoux ; Dieu le conduisit à terre

sain et sauf. M. Le Fraper, lieutenant de vaisseau, eut le même courage sans avoir le même bonheur ; il se blessa, et on dut le remonter à bord en toute diligence.

On cherchait à mettre des canots à la mer, moins pour satisfaire l'ardente impatience des hommes qui avaient hâte de gagner la côte, que pour leur bien démontrer l'impossibilité du succès dans de pareilles tentatives. Un petit canot avait été brisé ; celui du capitaine était déjà dans l'état le plus fâcheux, quand quelques bons nageurs proposèrent d'aller dans cette embarcation, essayèrent d'établir un va-et-vient avec la terre. Le canot partit avec son aventureux équipage, mais il se brisa sur des récifs. Heureusement les hommes furent sauvés.

Il était assez prouvé que rien ne devait réussir tant que la mer et le vent ne seraient pas plus calmes. Le capitaine encouragea ses matelots, et les engagea à prendre du repos pendant la nuit.

Quel repos, grand Dieu! et quelle nuit d'angoisses et de malaise passa ce malheureux équipage du *Superbe*, complétement démoralisé, exténué de fatigues, mourant de soif, car on n'avait pu monter une seule goutte d'eau douce. Que de pleurs secrets ou versés dans le sein d'un ami! Qui dirait les vœux, les prières, les jurements, les malédictions peut-être échappés à ces cœurs abattus? Que de pensées! comme à ce moment suprême elle se heurtent, se croisent, se pressent! Elles franchissent l'espace ; elles portent à une mère, à une épouse, à un père, à un ami, à tout ce qu'on aime, un regret, un éternel adieu !

Quant au commandant, il n'en a qu'une, mais fixe, immuable : le salut des hommes que lui a confiés la patrie. Son œil est constamment attaché sur le baromètre, dont la déplorable immobilité n'est que trop justifiée par la constance du vent et par cette mer affreuse. Accablé un moment par la responsabilité qui pèse sur lui, il s'assied une minute sur son fauteuil et semble sonder l'avenir.

A peine y est-il qu'un marin, un des bons hommes du bord, entre dans sa chambre.

« Que veux-tu, mon garçon ? dit M. d'Oysonville avec bonté.

— Je viens vous dire, commandant, de ne pas vous inquiéter. Nous sommes douze gabiers qui avons juré de vous emmener d'ici et de ne pas nous sauver sans vous, répondit le marin. Nous avons mis de côté de quoi faire un radeau, et quand vous voudrez, nous partirons.

— Je te remercie, mon ami, mais je ne veux et ne dois point partir.

— C'est que nous vous estimons, commandant, et que nous ne souffrirons pas que vous mouriez ici, car enfin nous savons bien que vous n'êtes pour rien dans le naufrage ; ce n'est pas votre faute si ce gueux de pilote nous a conduits ici, si on a mouillé cette damnée ancre! Nous vous aimons; vous avez entendu comme l'équipage a crié Vive le capitaine! quand *le Superbe* a doublé la pointe de Nausse. Ainsi à vos ordres, commandant.

— Encore une fois merci, mon garçon. Ce que tu me dis là me prouve la confiance que vous avez en moi; j'en suis très reconnaissant, et je vous en demande une preuve : c'est de faire demain tout ce que je vous ordonnerai pour la justifier. Va prendre du repos, et dis à tes camarades que j'ai bon espoir. »

La nuit du 15 se passa sans accident. Au point du jour, les travaux recommencèrent. Des barils vides, bien bondés, furent attachés à des lignes de loch, cordages très minces, qu'ils pouvaient facilement traîner après eux dans l'eau; on les lança à la mer, dans l'espérance que la lame et le vent les pousseraient à la côte, où les matelots du commandement pourraient les saisir. Une roche était derrière *le Superbe* que l'on craignait de voir arrêter ces bouées; il n'en fut rien, le premier baril arriva à terre en contournant le rocher, et ce ne fut pas une médiocre joie pour l'équipage. Les matelots du rivage se saisirent de ce flotteur, et tirèrent à eux la ligne de loch au bout de laquelle devait venir un cordage plus solide pour établir le va-et-vient si désiré. Après quelques efforts, on s'aperçut que la ligne se prenait dans les rochers et ne pouvait s'en dégager. Un second, un troisième baril suivirent le premier ; ils furent suivis eux-mêmes de quelques autres, toujours avec le même résultat. Pendant que quelques hommes s'occupaient de cette opération (infructueuse pour le moment, mais qui avait appris cependant une chose intéressante, c'est que les objets flottants pouvaient aller à terre sans être jetés sur la roche, et arriver dans une petite anse favorable à leur échouage), le capitaine d'Oysonville faisait préparer deux grands flotteurs pour le cas où le vaisseau viendrait à s'ouvrir ou à couler. Deux mâts étaient tombés du *Superbe* au moment où il coula bas ; on les garnissait de bouts de cordes terminés par des ganses, auxquels les hommes pourraient s'accrocher au besoin.

Le chagrin des matelots était tel en ne voyant aucun amendement dans le vent et dans la mer, qu'ils demandaient à grands cris la permission de se rendre à terre, au risque presque certain de se noyer. M. d'Oysonville, qui s'ingéniait à trouver des moyens de sauvetage, permit qu'on établît une quantité de petits radeaux avec des portes, des tables, des clous, des cloisons, des caisses. Tout ce qui ne fut pas effrayé des continuelles passades que la mer donnait aux pauvres fugitifs, se rendit à la côte. Les hommes qui ne nageaient pas bien furent sauvés en se mettant entre deux nageurs. Le succès fut complet et donna un peu de courage à ceux qui étaient demeurés à bord du malheureux vaisseau.

Maître Gigoux, à force d'instances, était parvenu à faire sortir du port de Parekia une barque qu'il dirigea vers *le Superbe*. Ce ne fut qu'une lueur d'espérance aussitôt dissipée ; la barque ne put aborder le vaisseau, il fallut qu'elle retournât après avoir couru vingt fois le risque d'être submergée.

Beaucoup d'hommes perclus par le froid, ou effrayés des risques que couraient les petits radeaux, n'osaient confier leur vie à ces frêles embarcations. La mer était encore affreuse. M. d'Oysonville ordonna cependant qu'on poussât dehors le grand canot. Un officier, plein de résolution, M. Maisonneuve, s'y embarqua avec quelques canotiers. Un cordage filé du vaisseau maintint quelque temps l'embarcation ; bientôt elle fut contrainte de lâcher l'amarre. Le flot se rendit maître du canot et le lança sur des rochers. Les canotiers se sauvèrent, mais le canot fut brisé. C'était encore un moyen de salut qui échappait aux naufragés.

« Il nous reste encore des ressources, més enfants, dit alors M. d'Oysonville, ne vous découragez donc point ; travaillons à mettre la chaloupe à l'eau, peut-être serons-nous plus heureux qu'avec les embarcations. A l'ouvrage, prenons notre temps ;

rien ne nous presse. La tempête ne peut persister longtemps avec cette fureur. Allons, maître Jaconien, disposez votre monde, et commençons. »

L'opération était difficile et ne dura guère moins de trois heures. Les auxiliaires de maître Jaconien n'étaient pas des hommes d'élite; ceux-là, s'il y en avait à bord du *Superbe*, étaient descendus à terre. On parvint pourtant à mettre la chaloupe à flot du côté où le vaisseau penchait; elle pouvait porter cent vingt homme, et ce fut à qui s'y jetterait le premier.

Le capitaine présidait à cet embarquement un peu désordonné. Quand il voit quatre-vingts hommes dans la chaloupe, il s'écrie d'une voix de stentor :

— Assez de monde, assez!

— Mais, commandant....

— Pas un homme de plus, entendez-vous! Rentrez! à bord, vous autres !

Et tout ce qui aspirait à partir remonte avec docilité, comme si le capitaine eût commandé un exercice en rade.

La pauvre chaloupe a eu le sort du grand canot. Nouveau désespoir pour ce qui reste à bord. « Allons, mes enfants, dit le capitaine, pas de découragement. Nous avons encore de quoi faire un radeau ; vous avez vu qu'ils réussissent mieux que les embarcations. Joignons à nos mâts de hune de rechange ce que nous avons de matériaux, et nous aurons un excellent moyen de transport. »

On comprend que M. d'Oysonville vient d'indiquer la dernière ressource ; on travaille avec soin, avec courage ; le radeau est prêt. Le capitaine ne juge pas à propos qu'on le lance tout de suite. Il ordonne de le laisser où on l'a fabriqué, jusqu'à ce qu'il soit revenu de sa chambre. On obéit, mais quelques minutes après on parle de s'en aller, on veut mettre à l'eau le grand flotteur qu'on souhaiterait déjà voir toucher la côte. Un officier court avertir M. d'Oysonville, qui monte aussitôt sur le pont.

« Le capitaine, le capitaine! » disent les matelots en se levant. Mais leur ton n'est pas celui de la révolte. C'est la crainte de l'enfant qui craint de trouver la volonté de son père en opposition avec la sienne.

« Que vient-on de m'apprendre, mes amis? dit-il d'un ton ferme. On dit que vous voulez jeter le radeau à la mer sans mes ordres.

— Mais, capitaine....

— Pas d'observations inutiles. Vous ne doutez pas que mon désir ne soit de vous sauver.

— Non, capitaine.

— C'est mon vœu le plus cher, et c'est aussi mon devoir. Mais comme je réponds de vous, je dois être écouté dans tout ce que je commande pour le salut de tous. Quand je croirai qu'il est temps de lancer le radeau, je le dirai. Rien ne nous presse ; voyez-vous le coin du vieux ciel, le bleu n'en est pas bien clair encore, le vent n'est pas encore tombé ; mais patience, il fera beau avant peu. Reposez-vous et attendez mes ordres.

— Oui, capitaine. »

Et tous s'asseient tranquillement, sans laisser échapper un murmure, bien qu'on tremble de froid et de peur.

Cependant on pousse bientôt le radeau à la mer. Au même moment un caïque paraît se diriger vers le *Superbe*. Il a mouillé un grapin à gauche de la roche que le vaisseau à sur son arrière ; il accostera bientôt, et ceux qui étaient si pressés de se confier au flotteur tournent les regards vers la barque.

« Eh bien, enfants, dit le capitaine, qui donc descend sur le radeau ?

— Le caïque, commandant.

— Il ne peut contenir que peu de monde, et qui sait si nous serons assez heureux pour qu'il fasse plusieurs voyages ? Cependant je ne force personne ; aille sur le caïque qui voudra. »

Soixante hommes y descendent, le flotteur part et arrive sans accident. Le caïque aborde alors, et tout le monde est debout sur la précceinte du vaisseau pour se jeter dedans.

« Qui vous a permis de passer sur le bord ? s'écrie M. d'Oysonville qui veillait à tout. Descendez tous.

— Oui, commandant. »

Et il ne reste pas un homme sur la préceinte.

« Si, comme tout le fait croire, cette barque doit aller retoucher le rivage, si ce premier voyage doit être heureux, n'est-il pas des individus à qui nous devons penser d'abord pour assurer leur salut ? dit M. d'Oysonville d'un ton paternel ; n'avons-nous pas nos malades et nos mousses ?

— C'est juste, capitaine.

Et ces hommes, si pressés de toucher la terre, s'empressent de monter les malades et de faire embarquer les enfants.

Le caïque pouvait prendre encore trois ou quatre hommes. Le capitaine place deux élèves en faction. « J'ai désigné les hommes qui doivent partir, dit-il, si quelqu'un veut s'élancer malgré moi, passez-lui votre sabre au travers du corps. Vous répondez de l'exécution de cet ordre. »

La barque part, et n'importe que ceux qui se trouvent privilégiés à cause de leurs souffrances ou de leur faiblesse. Chacun alors vint implorer la faveur d'être du prochain voyage ; on invoque ce qu'on croit des droits sacrés :

« Je suis marié, moi, capitaine.

» Moi, j'ai un pauvre enfant qui n'a plus de mère.

» Moi, commandant, je soutiens mon pauvre père âgé et infirme,

» J'ai une promise qui m'attend.

» Oh! moi, capitaine, moi, je meurs de soif depuis trente heures.

— Tu as soif, mon pauvre enfant, dit M. d'Oysonville, je te plains, car j'ai soif aussi, c'est une horrible souffrance; mais point de passe-droit : par ordre, et chacun à son tour. »

Le caïque fit quatre voyages et emporta quatre-vingts hommes désignés tous par le capitaine.

La mer devenait plus belle, le vent tombait un peu; mais la nuit se faisait, et cent quarante hommes restaient encore sur le *Superbe* « Mon Dieu, capitaine, disaient ces pauvres gens, comment passer encore une nuit, une éternelle nuit à bord?

— Il le faut bien. Mais c'est nous qui sommes les heureux, mes enfants. Ceux qui sont à terre ont été mouillés, ils sont gelés, ils vont avoir une nuit terrible; nous, au moins, nous serons bien à couvert. Arrangeons-nous comme nous pourrons pour dormir, et demain nous irons tous à terre. »

C'est ainsi que, par la sévérité, la douceur et le raisonnement employés tour à tour, le capitaine savait maintenir ces esprits que la terreur égarait. Le lendemain, beau temps, mer navigable, ordre parfait dans l'embarquement. Tout le monde fut sauvé.

A terre le service fut fait comme si ont eût été

dans une caserne, et dix jours après le naufrage,
l'équipage du *Superbe*, ses tambours et ses officiers
en tête, partait pour Nausse, où l'attendait le vaisseau
la Ville de Marseille. Pas un homme ne manqua à
l'appel. M. d'Oysonville ne perdit que neuf marins
dans les deux cruelles journées qu'il passa à bord de
son navire submergé. Un fut tué par le mât de
beaupré, les huit autres se noyèrent pour avoir né-
gligé les précautions recommandées par le capitaine.

En présence de tels faits, le capitaine d'Oysonville,
appelé en conseil de guerre pour rendre compte de la
perte de son vaisseau, se justifia complétement et fut
honorablement acquitté ; aucun doute ne plana sur sa
capacité ni sur son énergique dévouement. Son épée
lui fut donc rendue, et un commandement important
lui fut confié pour le dédommager de sa mauvaise
fortune.

Le Superbe avait été construit à Anvers. C'était un
joli vaisseau de soixante-quatorze canons, bon voilier
et d'une gracieuse allure. Au retour des Bourbons,
il vint à Brest, fit plusieurs voyages, et prit rade à
Toulon. Lors de la glorieuse expédition d'Alger, il
fit partie de la flotte, dont il était considéré comme
un des meilleurs voiliers. Il n'en reste plus aujour-
d'hui que quelques débris, industrieusement arrachés par des plongeurs qui l'ont démoli sous l'eau
pièce à pièce !

La frégate américaine *les Etats-Unis* appareillait

aussi, de la baie de Smyrne, le même jour que *le Superbe* et *la Galathée*. Elle se trouva aussi dans le coup de vent, perdit sa mâture, ses voiles, ses embarcations, et pensait périr. Un matelot aperçoit sur la droite l'étroit passage qui sépare Tinos d'Andros. Il avertit ; on donne dans ce goulet, où jamais bâtiment ne passe. On le franchit, presque porté sur la crète d'une longue vague ; on court sur Milo (1), et on y jette l'ancre. Comme notre *Galathée*, la frégate étrangère a trouvé le port du salut. *Le Superbe* devait seul périr.

(1) Une des îles de l'Archipel.

CHAPITRE XIII

Terre-Neuve.

Naufrage du navire français *la Natalie*, au milieu
des glaces de Terre-Neuve.

La Natalie, commandée en second par M. Houiste
de Grandville, partit pour la pêche de la morue à
l'île de Terre-Neuve (1), le 25 avril 1826.

La traversée fut heureuse d'abord, mais le 29 mai,
le bâtiment rencontra les glaces flottantes. *La
Natalie* voguait avec peu de vent quand tout à
coup une glace que l'on aborda creva le navire.
L'eau se précipita à grands flots par l'ouverture que
le choc avait pratiquée, et le malheureux équipage
comprit en un instant quel sort lui était réservé.

(1) Grande île de l'Océan, de cent dix-sept lieues de long sur
soixante-six de large, côtes orientale de l'Amérique du Nord. Elle est
habitée par les Esquimaux. Les navires de toutes les nations y viennent
faire la pêche de la morue.

Le bâtiment enfonçait avec une incroyable rapidité ; les flots le submergeaient, et bientôt il fallut abandonner tout espoir. Quel affreux spectacle ! Ici une stupeur morne, un désespoir sombre et concentré ; là une agitation délirante, des plaintes douloureuses, des cris déchirants. Partout cependant d'ardentes prières, de pieuses larmes sur un passé que l'éternité allait engloutir. Partout de tristes adieux envoyés à la patrie, aux mères, aux épouses, aux amis, aux enfants restés sur le sol natal ! Vers les huit heures, le vaisseau disparut.

Tous les infortunés qu'il portait dans ses vastes flancs disparurent avec lui. De soixante-quatorze hommes de l'équipage, dix-sept se sauvèrent dans le canot ; le reste coula à fond.

M. Houiste, second du navire, fut entraîné comme les autres, mais il revint bientôt à la surface. « La Providence, dit-il dans sa relation, permit que je trouvasse tout près de moi deux morceaux de bois attachés l'un à l'autre. Sur ce frêle asile se trouvait le matelot Potier ; je m'y plaçai à côté de lui. Nos regards, cherchant quelques moyens de salut, plongeaient de toutes parts dans le lugubre espace qui nous entourait ; nous ne découvrions que des flots sombres et légèrement agités. Revenus du fond de l'abîme, notre perte n'était donc retardée que de quelques instants et pour devenir plus cruelle encore !

» Nous aperçûmes une glace plate, et nous nous dirigeâmes vers elle. Nous l'abordâmes après de longs et pénibles efforts. Nous nous trouvions presque nus, à demi gelés, affaiblis et livrés aux pensées les plus affligeantes. La brume, le verglas et la nuit vinrent mettre le comble à nos maux. Le froid était si pénétrant que, pour ne pas être entièrement gelés, il nous fallut marcher toute la nuit. Nous sentions vivement l'aiguillon de la faim.

Le matin, nous vîmes quatre hommes à une grande distance, et un autre beaucoup plus près de nous. Cette vue nous fit plaisir, et nous tînmes nos yeux constamment fixes sur le point où nous les avions aperçus. Tout à coup un bâtiment à trois mâts se montra dans les mêmes parages. Il approcha des naufragés et fit la manœuvre nécessaire pour les sauver. Nous espérions partager leur sort; notre cœur était plein de joie, et l'espérance rayonnait sur nos fronts. Nous plaçâmes sur un aviron, que nous avions planté, mon chapeau et ma cravate que nous agitions en tous sens. Mais notre espérance fut déçue bien cruellement. Le navire recueillit les quatre hommes à sa portée, louvoya quelque temps parmi les glaces pour chercher d'autres victimes; mais n'en trouvant pas, il s'éloigna dans la vue de sa propre sûreté.

C'était *la Louisa*, de Grandville, commandée par M. Girard-Dubos. Ce digne capitaine recueillit quatre

matelots de *la Natalie ;* mais il n'aperçut ni les
signaux de M. Houiste, ni ceux du malheureux que
ce dernier avait aperçu non loin de lui. Ces infortunés, livrés à toutes les horreurs de la faim, con-
voitaient pour la dévorer une botte de pêcheur que
les flots faisaient mouvoir autour d'eux et qu'ils ne
purent atteindre. Le jour, la faim déchirait leurs
entrailles. La nuit, le froid ne leur laissait pas goûter
un instant de repos.

Les malheureux aperçurent à cent pas d'eux une
cage à poules. Une petite glace, capable à peine de
porter un homme, les séparait de cet objet tant
désiré. M. Houiste y passa, et à l'aide de son aviron
se servit de la glace comme d'un canot pour visiter
les débris.

« Je parvins, dit-il, jusqu'à la cage, où je trouvai
quatre poules noyées. A cette vue, ma joie fut inexprimable. Je mangeai ou plutôt je dévorai à l'instant
la cuisse d'une de ces poules ; cela me rendit un
peu de force et de courage. Potier ne me perdait
pas de vue ; il vit que je mangeais, et sa faim sem-
bla redoubler. Il tendit les bras vers moi en me
criant d'une voix lamentable : « Ah ! M. Houiste,
de grâce apportez-moi à manger ! » J'avançai vers
lui de toutes mes forces. Il ne cessait de me répéter
d'une voix presque éteinte : «Pour Dieu, M. Houiste,
venez vite. » Nous fûmes bientôt réunis, et nous
achevâmes de manger la poule, sans prendre le

temps de la plumer ! Jamais nous n'avions fait un si délicieux repas.

» Nous trouvâmes plus tard une barrique de cidre débouchée que nous réussîmes à faire monter sur notre glace. Bien qu'il y fût entré de l'eau de mer, nous eûmes encore une boisson supportable.

» Une demi-heure après, nous découvrîmes une petite chaloupe. Nous tressaillîmes de joie. Nous avions peut-être un moyen de salut.

» Nous laissâmes notre barrique de cidre pour monter sur une autre glace; mais nos trois poules étaient trop importantes à notre conservation pour les oublier. Ne voyant pas les boyaux de celle que nous avions mangée, je demandai à Potier ce qu'il en avait fait. Il me répondit qu'il les avait jetés à la mer. Cela me mit en colère. Je lui reprochai vivement cette faute où plutôt cette irréflexion. Des paroles dures m'échappèrent. L'infortune m'avait aigri. »

Humble et touchant aveu ! Quelle détresse que celle où de si petites pertes peuvent causer l'emportement d'un homme dont l'âme était si bonne ! Les pauvres naufragés atteignirent alors la chaloupe. Mais elle avait besoin d'une fausse pièce, et l'eau y entrai abondamment. M. Houiste dirigea son embarcation du côté de l'infortuné qui, comme eux, n'avait qu'un morceaux de glace pour refuge, et l'aborda au bout d'une heure et demie de travaux sans relâche.

Ce malheureux était un matelot de *la Natalie*, nommé Julien Joret. Il se mourait de besoin. Un peu de poule que lui donnèrent ses amis, et la joie de se retrouver avec eux, le ranimèrent, et il regarda comme un miracle l'apparition si inattendue de ses deux compagnons d'infortune.

Avec son secours M. Houiste et Potier raccommodèrent la chaloupe avec des douvelles et des clous arrachés aux barils vides qu'ils avaient autour d'eux. Elle faisait eau encore, mais ils pouvaient épuiser cette eau avec une petite chaudière qu'ils avaient trouvée sur la glace de Joret.

Ils mirent le petit esquif à flot, et peu de temps après ils aperçurent la terre à une distance éloignée. A son aspect ils se crurent sauvés, et continuèrent à se diriger vers cette terre bénie ; mais le lendemain ils se trouvèrent enfermés dans les glaces. Quatre jours se passèrent dans cette affreuse situation. Enfin le 6 juin, vers onze heures du matin, ils aperçurent près de la *banquise* (1) une trentaine de navires. Mais il fallait se rendre à eux par la voie des glaces, car la chaloupe faisant corps avec elles ne pouvait leur être d'aucune utilité. Ils l'abandonnèrent donc, quoique à regret, et recommencèrent leur pénible voyage.

(1) Amas de glaces flottantes. On les rencontre ordinairement vers la fin d'avril et quelquefois plus tard. Dans l'hiver, elles forment des masses continues.

» Les pieds de nos bas s'étaient complètement usés, continue M. Houiste : nous coupons en trois bouts ce qui en restait, afin d'envelopper nos pieds en les fixant au moyen de plusieurs fils de caret. Il était nécessaire de soutenir nos forces défaillantes ; nous mangeâmes une moitié de poule, c'était tout ce qui nous restait. Nous priâmes Dieu avec ferveur, et nous nous mîmes en route, munis de deux petites planches qui nous servaient de pont pour passer d'une glace sur l'autre.

» Les glaces assez unies nous offraient une route assez peu difficile, et nous ne marchions cependant pas bien vite. Nous étions si affaiblis ! nous avions déjà tant souffert ! Notre courage croissait avec l'espérance à mesure que nous avancions. Nous commencions encore une fois à entrevoir notre salut. Mais, arrivés à peu près à la moitié de la distance qui nous séparait des bâtiments, un vent de nord-ouest souffle avec violence, divise, détache et éparpille toutes les glaces !

» Navrés de douleur, nous montons sur une grosse glace qui était près de nous. De là, avec nos planches et nos cravates nous faisions des signaux.

» Hélas ! tout fut inutile. Nous étions réservés à des maux plus effroyables.

» Privés de toutes ressources, abandonnés de toute la nature, dévorés par la faim, demi-morts de froid, un moment de désespoir s'empara de nous.

Les yeux égarés, la bouche entr'ouverte, nous nous regardions en silence. Cette scène d'angoisses inexprimables dura une heure! Enfin, nous invoquâmes Dieu; cela nous fit du bien, et nous nous abandonnâmes avec confiance à la Providence divine. »

Le même jour, sur le soir, la brise faiblit et ramena la brume et la pluie. Les naufragés se trouvaient sur une glace ronde et étroite, où ils passèrent une nuit affreuse. Le lendemain, Potier et Joret avaient les pieds gelés. Pour prendre un moment de sommeil, il leur fallut se coucher sur leurs petites planches, dont ils tombaient bientôt pour se réveiller au froid contact de la glace. Quatre jours s'écoulèrent dans ces horribles souffrances.

Le 10 juin, ils n'étaient plus sur le passage des navires, mais la terre qui reparut à leurs yeux n'était pas éloignée. M. Houiste pensa que les glaces étaient continues jusqu'à la côte, et il persuada aisément à ses compagnons, qui avaient foi dans son courage héroïque et dans son intelligence, qu'il valait mieux encore périr en tâchant de gagner la terre que de laisser se prolonger une aussi cruelle agonie.

« Soutenus par un faible reste d'espérance, dit le courageux M. Houiste, nous cheminions lentement vers cette terre de salut. Souvent nous trouvions devant nous des intervalles trop considérables qui séparaient les glaces et nous forçaient à faire d'assez longs circuits qui, joints à notre faiblesse et aux inégalités des glaces, rendaient notre marche très pénible. A chaque instant, un de nous tombait, et les efforts réunis des deux autres suffisaient à peine pour le relever et le tirer de la mer. Les derniers lambeaux de nos bas avaient disparu, et le sang coulait de nos blessures et de nos pieds écorchés.

» Nous marchions depuis deux jours ; nos blessures, aigries par l'eau de la mer, nous causaient des douleurs atroces. Nous étions au 12 juin ; nous crûmes que ce jour-là serait le dernier de notre vie. A une demi-lieue de terre, les glaces nous manquèrent !... Jusque-là il nous était resté quelque espoir ; à ce moment il s'évanouit tout à fait : sur notre glace, s'arrondissait une croûte en forme de champignon. Nous nous jetâmes sur cette voûte ; mes deux compagnons languissaient étendus sur la glace, adossés l'un contre l'autre. Pour moi, je m'étais assis. La tête appuyée dans les mains, l'âme gonflée de tristesse, je priais Dieu de nous délivrer de la vie. Recueillis devant la pensée de l'éternité, nous attendions la mort avec résignation. Elle nous paraissait douce et désirable.

» Bientôt cependant ce sentiment qui s'éteint le dernier dans l'homme, le désir de sa conservation, se réveilla et nous détermina à faire encore de nouveaux efforts pour éviter la mort près de nous frapper.

» Les vents du large s'étaient levés et avaient poussé des glaces plus près de la côte. Cela nous rendit un peu de courage : nous continuâmes à marcher vers la terre; à peine un quart de lieue nous en séparait. Mais ce quart de lieue était une mer sans glace!...

» Le désespoir revint. Nos regards se portèrent tristement vers le ciel, et nous nous dîmes adieu. D'une voix presque éteinte nous exprimions nos derniers regrets. Il est si cruel de mourir loin des lieux qui nous ont vus naître, loin de nos parents et de nos amis!... Le souvenir de ma jeune femme, que je quittais pour la première fois depuis notre union, me poursuivait sans cesse et ajoutait encore à mes maux. En ce moment ce souvenir cruel m'exalta jusqu'au délire. La force morale m'abandonna, et je conservai à peine assez de force physique pour faire quelques pas et atteindre le bord de l'abîme que nous ne pouvions franchir.

» La Providence, qui veillait sur nous, m'inspira une pensée salutaire. Une petite glace était près de nous : « Courage, dis-je à mes compagnons encore plus abattus que moi, courage, mes pauvres amis; tâchons de monter encore sur cette glace, et là nous allons nous abandonner à ce qu'il plaira à Dieu de faire de nous. »

» Mes compagnons me suivirent, et nous vînmes à bout d'atteindre cette glace. Avec nos petites planches, nous la dirigions assez heureusement vers la terre. Mais, ô douleur! cette nacelle de neige gelée se divise en deux morceaux.... Un de nos compagnons était sur un de ces morceaux, à moitié dans l'eau, près de périr. Nous serrons vite nos planches sous nos aisselles et le saisissons par les mains. Nous tenant ainsi tous les trois, nous eûmes le bonheur de nous maintenir sur notre glace fondue, que nous faisions péniblement mouvoir en la poussant de nos pieds, appuyés contre les aspérités dont elle était hérissée. Dans cette périlleuse situation, nous abordâmes une autre glace; nous en changeâmes ainsi quatre fois dans cette journée. Enfin les dernières difficultés furent surmontées, et nous atteignîmes la terre. C'était le 13 juin, vers les cinq heures du soir.

» Nous la touchions donc, cette terre que nous appelions de tous nos vœux, que nous regardions comme le terme de tous nos maux !... Hélas ! nous nous abusions.... Accablés de tout ce que nous avions souffert, nous tombâmes sur l'herbe. Nous prîmes un peu de repos. Nous avions l'espoir que le sommeil nous ferait du bien. Il en arriva tout autrement; le réveil fut terrible. Le malheureux Joret était aveugle.... Ni lui ni Potier ne pouvaient faire aucun mouvement.

» Par bonheur, j'avais encore un peu plus de courage et de forces. Je rampai sur la plage, où je trouvai des moules dont je remplis mon chapeau. Quoique je ne me fusse traîné qu'à une vingtaine de pas, j'eus bien de la peine à retourner. Nous dévorâmes ces moules jusqu'aux écailles avec une avidité inconcevable. Depuis sept jours entiers nous ne vivions que de glaces.

» Les plus tristes réflexions vinrent en foule nous assaillir. Nous ne pouvions aller au loin chercher du secours; d'ailleurs cette côte était-elle habitée? n'avions-nous pas à craindre les ours blancs, si communs sous cette latitude? comment nous défendre de leurs attaques? Nous n'avions donc fait que changer de dangers....

» Des copeaux et des morceaux de biscuit, que je vis flotter sur la mer le long du rivage, vinrent bientôt m'arracher à ces sombres pensées et me causer une indicible joie en me donnant à penser que nous n'étions pas sur une côte déserte! Mais cette joie dura peu.

» Le 15 et le 16, il nous fut impossible de nous procurer des moules. Continuellement battus par une pluie extrêmement froide, nous n'eûmes pour nourriture que quelques brins d'herbe que la faim nous força de manger et que nous ne pûmes digérer. L'infortuné Joret ne pouvait même pas se traîner jusqu'à une mare qui se trouvait à quelques pas, et je fus obligé de lui apporter de l'eau dans mon chapeau.

» Dans le désir de découvrir quelque habitation, j'essayai de gagner une pointe éloignée d'environ un demi-quart de lieue. Après avoir fait à peu près cinquante pas, je tombai d'épuisement. Je me ranimai, afin de venir trouver la mort près de mes compagnons. Il me semblait qu'elle serait moins cruelle à leurs côtés. Ensemble nous avions souffert, nous devions mourir ensemble.

» J'ai voulu écrire nos noms sur une pierre, dans l'espoir qu'ils seraient découverts et transmis à nos familles. Nous ne pûmes même pas jouir de cette triste consolation. Mes mains étaient tellement paralysées qu'elles ne me permettaient pas de tenir un couteau.

» Le lendemain 17 fut un jour de bonheur. Le temps devint beau. Pour la première fois, nous ressentîmes une chaleur bienfaisante, et Joret recouvra la vue. Ce fut lui qui le premier aperçut, vers les quatre heures du soir, sur la baie où depuis le matin nos regards étaient toujours fixés, une goëlette anglaise qui longeait la côte. Je parvins à me mettre debout, et j'engageai mes compagnons, qui ne pouvaient plus se lever, à crier de toutes leurs forces avec moi. Nos cris égalaient à peine celui d'un enfant ; aussi les Anglais ne pouvaient nous entendre, mais ils nous aperçurent. Nous les vîmes s'embarquer dans la petite chaloupe et se diriger vers nous.

» Je n'essaierai pas de dire quelle fut notre joie ; c'était une ivresse, un transport, un délire au delà de toute expression. Nos cœurs, si longtemps et si douloureusement comprimés, se gonflaient à se briser. Enfin nous versâmes des larmes abondantes.

Sans ces larmes qui nous soulagèrent, nous eussions été étouffés par notre joie. Le bonheur, revenu si vite, nous avait saisis avec trop de violence.

» A mesure que nos sauveurs approchaient, ils ramaient avec plus de force. La peine que nous avions à nous traîner vers le rivage leur faisait comprendre que nous étions dans la plus grande détresse. Aussitôt qu'ils eurent abordé, trois d'entre eux s'élancèrent de la chaloupe et nous prirent dans leurs bras pour nous embarquer. Ces bons Anglais, ils pleuraient comme des enfants! Nous étions dans un état digne de pitié. Couverts de plaies, à demi nus, décharnés, les yeux caves et presque éteints, à peine conservions-nous un reste de figure humaine. On eût dit des cadavres arrachés du fond des tombeaux.

» Tous les Anglais qui étaient à bord de la goëlette nous témoignèrent le plus vif intérêt. La femme du capitaine nous marqua surtout une touchante sensibilité; elle nous prodigua les soins les plus tendres; sa charité active et délicate prévoyait tous nos besoins et s'empressait d'y satisfaire. »

Recueillis à bord de la goëlette *les Frères de Saint-Jean*, les malheureux naufragés furent conduits par le capitaine Witheway au havre de Fourché, sur le bord duquel ils se trouvaient. Un navire compatriote refusa à leurs malheurs la compassion qu'ils avaient trouvée chez des étrangers. Outré de cette insensibilité révoltante, le capitaine anglais, toujours humain et généreux, les reprit à son bord.

Partie de Fourché le 19 juin, la goëlette rencontra peu après un navire français, *la Bonne Mère*, de Grandville. A la vue de M. Houiste, un matelot s'écria : « C'est le second de *la Natalie;* » et tout l'équipage répondit à ce cri par de touchantes acclamations de joie qui firent battre délicieusement le cœur des pauvres naufragés.

M. Helain, armateur du navire, combla de soins M. Houiste et ses infortunés compatriotes. Peu de temps après, il reçut les bénédictions des familles de ces trois braves marins, en remettant entre leurs bras ceux dont chaque jour elles déploraient la perte.

Joret et Potier, qui avaient le plus souffert, eurent les pieds gelés et ne se rétablirent qu'avec la plus grande peine. Ils aiment M. Houiste comme leur sauveur; ils le vénèrent à l'égal du père le plus chéri et le plus respecté. Leur vive et sincère reconnaissance proclame partout qu'ils lui doivent la vie, et que sans l'intelligence et la force de volonté de cet intrépide marin, sans la charité toute chrétienne qu'il poussa envers eux jusqu'à l'héroïsme, et la bonne harmonie que ses vertus et sa supériorité intellectuelle établirent entre eux, ils n'auraient jamais eu le courage de vaincre tant d'obstacles et seraient demeurés ensevelis sous les glaces de Terre-Neuve.

CHAPITRE XIV

Naufrage du navire anglais *l'Amphitrite*, en vue du port de Boulogne, le 31 août 1833.

Le trois-mâts *l'Amphitrite*, bâtiment anglais de transport, capitaine Hunter, ayant à bord seize hommes d'équipage, cent huit femmes et douze enfants candamnés à la déportation, partit de Woolwich pour Sidney, où se trouve l'établissement pénitentiaire de la Nouvelle-Galles du Sud (Australie), le 26 août 1833.

Le 29, assailli déjà par une violente tempête, il perdit route, et vint échouer le 31 sur la côte de Boulogne. Tous les moyens de sauvetage qu'on offrit à ce point furent refusés par le capitaine, qui, par un dévouement fanatique et barbare aux instructions de son gouvernement, aima mieux laisser périr les malheureuses créatures confiées à la garde de son honneur militaire, et avec elles un navire dont il avait la copropriété, que d'encourir la responsabilité de l'évasion des coupables si elles parvenaient à terre.

Un témoin oculaire de cette terrible catastrophe la décrit en ces termes :

« Trois heures du soir.

» La mer est toujours furieuse, tout annonce une nuit terrible ; les bateaux-pêcheurs sont tous rentrés au port, sauf un, le n° 71, que l'on croit perdu. Le bruit se répand que le paquebot de Londres, qui nous a quittés hier dans la nuit, est perdu aussi. Je ne puis croire à cette nouvelle, qui est au moins prématurée ; mais tout est à craindre. Je connais deux des passagers, entre autres une jeune femme, et je tremble pour leurs jours. Si le paquebot *the Queen of Netherland* a pu gagner Ramsgate, il est sauvé.

» Je sors un instant pour me rendre sur la plage. On signale un bâtiment en détresse : c'est un trois mâts ; il ne porte point de pavillon. Avec la longue-vue, il est facile de voir qu'il cherche à gagner le large ; les vents le repoussent sur la côte ; s'il échoue, c'est fait de lui.

» Quatre heures et demie.

» L'événement prévu est arrivé : le vaisseau vient d'échouer presque en face l'établissement des bains. La mer est plus terrible que jamais ; elle se retire. Avec la lorgnette, il est facile de distinguer l'équipage. Des matelots se précipitent de tous côtés sur notre plage ; on traîne à bras un canot, on espère au moins sauver les hommes. Quant au navire, il n'y faut plus penser ; la mer, en montant, doit le mettre en pièces.

» Six heures.

» Le canot est à la mer ; il ne peut approcher. Un patron de bateau-pêcheur, Hénin (n'oubliez pas ce nom), déclare qu'il va se jeter à la mer. Il se débarrasse de ses vêtements et prend d'une main une corde ; personne n'ose le suivre : on le voit lutter contre les flots !... Ce qui étonne tout le monde, c'est l'immobilité de l'équipage qui ne fait aucun signal. On s'en demande le motif. Ces malheureux n'en ont-ils plus la force ? le capitaine espère-t-il sauver le bâtiment ?... Je cours moi-même sur la plage.

» Onze heures du soir.

» Quel horrible spectacle ! je ne l'oublierai de ma vie. Trente cadavres sont entassés pêle-mêle sous la remise du bâtiment appartenant à la Société humaine. Tout a péri : cent huit femmes, douze enfants, treize hommes d'équipage !

» Trois malheureux sont hors de danger. Quelle épouvantable nuit ! Je veux cependant vous en donner quelques détails.

» Vers sept heures du soir, on vit le brave Hénin toucher le vaisseau. On aperçut un matelot qui lui jetait une corde, puis la corde fut retirée. Hénin, sur le point de périr lui-même, est obligé de lâcher prise et de regagner la plage. Il veut se jeter de nouveau à la mer, mais il est épuisé.

» Il faut renoncer à tout espoir de sauver ces infortunés ; la nuit tombe, la mer commence à monter ; le bruit des vents, le mugissement des vagues ne permettent plus d'entendre les cris de ces malheureux ! Comment dépeindre l'anxiété de la foule qui couvre la plage découverte par la marée. Un grand nombre de marins se sont mis à la mer pour tâcher de recueillir les naufragés. L'obscurité redouble, les vents mugissent avec plus de force que jamais, les vagues se succèdent avec violence et rapidité ; on distingue à peine le bâtiment, et la mer force les plus intrépides à reculer. Tout à coup un mât est amené aux pieds des spectateurs, puis des tonneaux, puis des débris, puis des cadavres !

» On court de tous côtés avec des fanaux, on se précipite sur la falaise ; à chaque instant on ramasse des femmes, des enfants, des hommes... tous morts !...

» Un marin court vers un rocher ; il croit voir quelque chose qui se meut dans l'ombre : c'est un pauvre matelot. On le prend, on le porte dans la salle des secours de la Société humaine. Deux autres sont recueillis ; l'un a été trouvé sans connaissance à cheval sur une planche que la vague a poussée sur le rivage, l'autre est ramené sur le sable presque insensible. On les transporte à l'hôtel de la Marine où les soins les plus touchants leur sont prodigués par le maître de l'hôtel et une Anglaise, Mme Austin, dont le zèle et le courage ont été admirables.

» Une autre jeune Anglaise, Mme Curtis, fille de M. Arvet, dont le grand-père a fondé la Société humaine, et qui se trouve logée à l'hôtel, s'empare d'une jeune femme déposée sur la table de la salle à manger. A force de frictions, on rappelle un peu de chaleur ; mais, hélas ! plus d'espoir : l'infortunée ouvre les yeux, puis expire. On l'emporte, et Mme Curtis court prodiguer ses soins à d'autres.

» Dans cet horrible moment, les marins de la douane et ceux de la Société font preuve d'une activité qu'il est impossible de dépeindre. A mesure que les corps sont apportés, les chirurgiens s'en emparent ; on les roule dans des couvertures, on les saigne. Une femme fait un léger mouvement, un sang noir s'échappe de son bras, elle soulève ses paupières, on espère : elle meurt. Au fur et à mesure de cette horrible inspection, on dépose les cadavres dans un coin de la salle.

» Les deux naufragés que Mme Austin a soignés sont sauvés, ils ont repris leurs sens. Nous apprenons par eux que le bâtiment naufragé est *l'Amphitrite*, navire anglais, affrété au transport des condamnés à la déportation. Il avait à bord cent huit femmes, douze enfants, seize hommes d'équipage. Les matelots sauvés sont : John-Richard Rice, James Towsey et John Owen. Ce dernier, qui était maître d'équipage, est un homme superbe dans la force de l'âge. Rice et Towsey sont deux jeunes gens.

» 1ᵉʳ septembre, neuf heures du matin.

» J'étais à six heures à la douane. Dans la nuit on avait recueilli quarante-trois cadavres du sexe féminin. J'ai vu de mes yeux ramener dans le port une jeune femme serrant dans ses bras le cadavre d'un enfant de deux ans. La plage est couverte de débris ; la carcasse du vaisseau est en quelque sorte pulvérisée, je ne crois pas l'expression trop forte. Nos malheureux naufragés vont parfaitement bien. Par suite d'une bizarrerie du destin, la femme de chambre de Mᵐᵉ Curtis vient de reconnaître, dans Owen, son voisin et son ami d'enfance. Nous avons profité d'un peu de repos pour interroger Owen et Rice, et nous avons reçu les dépositions ci-dessus.

» J'ai reçu également celle du brave Hénin. Ce sont deux documents importants pour l'histoire de cet épouvantable événement.

» Nous avons ouvert une souscription pour les naufragés, et pour récompenser les braves marins qui ont exposé leur vie. Quant à Hénin, c'est au gouvernement à récompenser son intrépidité. Ce n'est pas la première fois qu'il s'honore par de pareils traits.

> » Onze heures.

» On vient de transporter à l'hôpital les naufragés et les cadavres recueillis. On a commandé cent cercueils, et demain la terre recevra ces dépouilles. Il est à croire que la mer, à la marée montante, rejettera d'autres cadavres. »

Déposition de François Hénin,
patron du bateau pêcheur du port de Boulogne.

« Hénin déclare que vers six heures moins un quart il dit au capitaine du port qu'il voulait se rendre à bord du bâtiment échoué, et que les marins n'avaient qu'à le suivre, que quant à lui il est résolu de s'y rendre seul ; qu'il courut sur la plage avec une corde, qu'il se dépouilla de ses vêtements et se jeta dans la mer. Il pense avoir nagé pendant près d'une heures et avoir approché le vaisseau vers sept heures ; il hêla alors le bâtiment, et cria en anglais : « Jetez-moi une corde pour vous conduire à terre, ou vous êtes perdus, car la mer monte. »

» Des hommes de l'équipage l'entendirent ; il était alors du côté tribord du vaisseau, qu'il toucha même ; il vit un matelot et lui cria de dire au capitaine de lui jeter des cordes. Les matelots lui jettent

deux cordes, une de la proue, une autre de la
poupe ; il peut se saisir de celle de la proue seulement. Il se dirigea alors vers la plage ; mais la corde
qu'il tenait était trop courte et lui manqua. Il revint
sur le bâtiment, s'y accrocha, cria à l'équipage de
le hisser à bord ; mais alors ses forces l'abandonnèrent ; il se sentit épuisé, et ce ne fut qu'avec
peine qu'il put regagner la terre. »

DÉPOSITION DE JOHN OWEN,

maître d'équipage de l'Amphitrite.

« L'Amphitrite quitta Woolwich le dimanche 26
août. Dans la nuit du 29, la tempête le surprit et
l'entraîna vers le port de Boulogne. Le capitaine
ordonna de jeter l'ancre, dans l'espérance que le
navire pourrait se remettre à flot à la marée montante. Un bateau français vint à leur secours, vers
cinq heures du soir, le 30 août ; aucun des hommes
de l'équipage n'en eut connaissance. Owen pense
qu'alors tout le monde eût pu être sauvé.

« Owen vit Hénin, et l'entendit lui crier de
jeter une corde : il allait le faire lorsqu'il en fut
empêché par le capitaine.

» Vers sept heures, la mer commença à monter,
et l'équipage, voyant qu'il n'y avait plus d'espoir de
salut, monta sur les vergues ; les femmes restèrent
sur le pont pendant plus d'une heure et demie.

» Le vaisseau se sépara en deux, et toutes les

femmes moins une furent enlevées par les vagues. Owen, le capitaine, quatre matelots et une femme étaient sur les vergues depuis trois quarts d'heure. Voyant que les mâts, les vergues, les voiles étaient sur le point de céder à la violence du vent et de la mer, Owen dit à ses camarades qu'il était inutile de lutter plus longtemps, qu'ils allaient périr, et il s'élança dans la mer, où il pense avoir nagé près d'une heure avant d'atteindre le rivage.

» Il était, dit-il, parfaitement instruit du danger que courait le navire dès l'instant qu'il échoua. Il demanda à ses camarades s'ils ne pensaient pas qu'alors ils auraient pu se sauver. Ils répondirent tous qu'ils en étaient certains. »

DÉPOSITION DE JOHN RICE.

« Il confirme toute la déposition d'Owen, et ajoute que lorsqu'il fit remarquer au capitaine une personne qui, du rivage, faisait signe de débarquer, le capitaine lui tourna le dos.

» Interrogé si le capitaine n'était pas ivre, il répondit négativement. Il dit aussi que toutes les femmes étaient enfermées, mais qu'elles forcèrent les portes et se précipitèrent sur le pont. Il y avait déjà six pieds d'eau à fond de cale. »

CHAPITRE XV

Incendie du *Kent*, navire anglais, en pleine mer,
le 1er mars 1825.

Par un vent favorable, le beau navire *le Kent* voguait avec majesté sur les eaux de l'Atlantique, qui venaient douces et caressantes onduler autour de ses flancs, quand, par un de ses caprices auxquels les navigateurs doivent tant de naufrages, le vent change, la mer bouillonne, et les vagues, changées en montagnes liquides, font trembler d'épouvante même ces anciens dompteurs de mer habitués à se jouer avec les dangers et la tempête.

Bientôt la sécurité confiante et la gaieté de l'équipage ont cédé la place à une terreur qu'égale seule l'activité déployée à bord. Le roulis devint si violent vers le milieu du jour, que chaque secousse faisait plonger les chaînes des haubans dans la mer, et que les meubles les plus solidement placés étaient renversés avec un horrible fracas.

14

Pour s'assurer si tout était en ordre à fond de cale, un officier y descendit avec des matelots munis d'une lampe de sûreté. Une des barriques d'eau-de-vie était hors de place. L'officier envoie les matelots chercher ce qui était nécessaire pour la caler ; mais pendant leur absence, une secousse violente fait tomber la lampe des mains de l'officier. Il s'empresse de la ramasser, et dans ce mouvement lâche la barrique qu'il soutenait. Celle-ci se défonce dans sa chute ; le liquide mis en contact avec la mèche de la lampe prend feu, et tout est en flammes en un instant.

L'équipage et la troupe se précipitèrent où les appelait le danger, et travaillèrent à éteindre le feu. La cale était entourée par les barriques d'eau, et l'on pouvait encore espérer qu'il serait possible de s'en rendre maîtres.

Bientôt un affreux cri se trouve répété par cent voix : « Le feu gagne les cordages ! » Des tourbillons d'une fumée épaisse et noire enveloppent le navire, et une insupportable odeur de goudron confirme la vérité de ces fatales clameurs.

Le capitaine, M. Cobb, ordonna alors de pratiquer des voies d'eau dans le premier et le second pont, et de tout ouvrir afin que la mer pût entrer partout.

Elle se précipita, en effet, par ces voies qu'on lui avait ouvertes avec une horrible furie. Les malheureux hôtes du *Kent*, que ce spectacle eût effrayés en toute autre circonstance, y trouvèrent un espoir de salut. Mais le danger de sombrer devenait aussi imminent que celui de faire explosion. La seconde catastrophe paraissant plus éloignée, on la choisit de préférence, et on se hâta de refermer ces routes offertes à la mort.

Six à sept cents créatures humaines étaient sur le pont, implorant la miséricorde du Ciel, traçant sur le front le signe auguste de la croix et priant du fond de l'âme. Quelques femmes donnèrent le pieux exemple d'un calme sublime et d'une héroïque résignation ; deux jeunes personnes surtout montrèrent leur force d'âme et la douce confiance de leur foi. Une mort inévitable s'avançait, tout espoir était perdu ; on le leur dit, et se jetant à genoux, les mains jointes, elles s'écrièrent avec une radieuse sérénité : « Venez, ô mon Sauveur, nous vous attendons ! »

De pauvres enfants, ignorant le danger qui les menaçait, jouaient dans leurs lits et souriaient à leurs mères éplorées. Oh ! quelles angoisses pour ces mères, en voyant ces innocents objets de leur amour près de mourir quand ils savaient à peine ce que c'était que la vie ! Avec quelle amertume elles accueillaient ce sourire qui allait se perdre dans les profondeurs de l'éternité !

Un jeune officier, s'étant procuré du papier, écrivit

à son père un suprême adieu, et renferma ces quelques lignes dans une bouteille, espérant que peut-être elles parviendraient à leur adresse. Il louait Dieu, devant son père, de la paix et de la confiance que sa bonté mettait en ce moment dans son cœur.

Il allait la jeter à la mer quand un matelot, du haut d'un mât où on l'avait fait monter, s'écria en agitant son chapeau. « Une voile, une voile sous le vent! » On hissa les signaux de détresse, et on tira de minute en minute le canon d'alarme.

En attendant que le bâtiment sauveur qui s'avançait à toutes voiles fût à la portée du *Kent*, un lieutenant vint demander au major dans quel ordre les officiers devaient quitter le vaisseau. « Dans l'ordre que l'on observe aux funérailles, répondit le major, cela va sans dire. »

Le colonel ajouta d'une voix ferme : « Les cadets les premiers; faites passer au fil de l'épée tout homme qui ferait mine d'entrer dans les chaloupes avant les femmes et les enfants! »

Vers deux heures et demie, une procession lugubre s'avança des chambres d'arrière vers le sabord, sous lequel le canot était suspendu. On n'entendait pas une plainte, les plus petits enfants même n'osaient pleurer, comme si une voix divine leur eût révélé les angoisses de ce moment de solennels adieux.

Quelques femmes seulement voulaient rester avec

leurs maris; mais on leur dit que chaque moment de retard pouvait coûter la vie à un homme, et rassemblant cette force d'âme qui est le privilège de leur sexe, elles se placèrent dans le canot.

Celui-ci, après avoir manqué de périr faute de pouvoir se détacher des flancs du navire, lutta enfin contre les vagues qui, tantôt l'élevant, tantôt l'abaissant, remplissaient d'écume sa petite capacité, où les pauvres femmes, ayant de l'eau jusqu'à la poitrine, préservaient avec peine leurs enfants de l'atteinte des flots. Après vingt-cinq minutes, qui parurent un siècle aux pères, aux maris, restés à bord du *Kent*, le canot accosta le brick libérateur.

Ils étaient donc sauvés, ces chers objets d'une sollicitude qu'ordonnent la nature et la religion. Mais, au retour du canot, il fallut descendre les femmes et les enfants au moyen d'un cordage suspendu à la poupe. Aucune femme ne périt; il n'en fut pas ainsi d'un grand nombre d'enfants, qui, plongés dans l'eau, furieuse encore, à plusieurs reprises, ne purent supporter ce violent et unique moyen de sauvetage, et périrent sous les yeux de leurs mères !

Deux ou trois soldats, pour soulager leurs femmes, sautèrent à la mer après leurs enfants et périrent sans les sauver. Une jeune femme, ayant absolument refusé de quitter son père que le devoir retenait à son poste, faillit devenir victime de son dévouement filial ; elle ne fut recueillie dans le canot qu'après avoir plongé cinq ou six fois !

Un homme, réduit à l'horrible alternative de perdre sa femme ou ses enfants, se prononça pour sa femme : elle fut sauvée, mais ses quatre enfants périrent !

Un pauvre soldat, qui n'était lui-même ni époux ni père, fit attacher autour de son corps trois enfants appartenant à ses camarades, et s'élança dans la mer : il échoua dans ses efforts généreux ; on le reprit à bord, mais deux des pauvres enfants avaient déjà cessé de vivre !

Un autre militaire avait déjà atteint le canot et levait la main pour saisir le plat-bord, lorsque, par un tangage subit, sa tête se heurta contre le bossoir ; il disparut à l'instant. Sa femme n'ayant pu être du nombre de celles qui suivaient le régiment, gagna Gravesend avec le détachement de son mari et se rendit à bord. On la découvrit et on la renvoya à terre ; mais son dévouement plein de persévérance ne se rebuta point : elle se glissa sous l'entrepont et s'y tint blottie jusqu'au jour du désastre. Infortunée, qui ne suivait son mari que pour le voir mourir !

Les flammes allaient toujours croissant, et les malheurs dont on ne donne qu'une faible esquisse se multipliaient. Le capitaine, le colonel du régiment embarqué rivalisaient de zèle pour le salut de ceux dont ils répondaient au tribunal sacré du devoir, et pas un d'entre eux ne manqua aux lois de la conscience et de l'honneur.

Tous ces hommes, en présence de la mort, priaient avec une angélique ferveur et demandaient à Dieu le pardon des fautes de leur vie. « Si quelqu'un, dit dans sa relation le major Mac-Grégor, était tenté de tourner en ridicule, comme indigne d'un militaire, les humbles exercices de piété auxquels nous nous livrions alors, je lui répondrais que, bien que nous n'eussions en vue que l'intérêt éternel de nos âmes, ces actes de dévotion contribuèrent puissamment à rétablir l'ordre et le calme chez un petit nombre de soldats sur qui, dans cette situation désastreuse, la discipline avait cessé d'exercer son empire accoutumé. »

Ces infortunés descendaient dans le canot de sauvetage au moyen d'un cordage suspendu au guide-brigantine, élevé à ce moment par la tempête à trente ou quarante pieds au-dessus de la mer. Balancés dans les airs, n'atteignant souvent le canot qu'après avoir été couverts plusieurs fois par les vagues, ou heurtés et à demi brisés par l'un ou l'autre des bâtiments, selon le caprice des flots, les pauvres naufragés achetaient chèrement leur vie, et plusieurs même succombèrent dans cette difficile entreprise.

Le capitaine Cobb, dans sa généreuse sollicitude pour la vie des hommes confiés à ses soins, ne vou-

lut pas gagner les embarcations avant d'avoir fait
les derniers efforts pour vaincre l'irrésolution de
quelques malheureux dont la frayeur avait para-
lysé toutes les facultés. Ses menaces furent inutiles
comme ses supplications. Déjà les canons tombant
l'un après l'autre dans la cale y faisaient explosion que le capitaine exhortait encore ces infortunés.
Enfin, voyant que rien ne pouvait ébranler leur volonté, « Adieu, noble *Kent!* s'écria le brave marin
en jetant un dernier regard sur le navire tout en
flammes ; adieu, mon vieux compagnon ! Tu méritais
une mort plus digne et plus belle ; et j'aurais partagé
ton sort avec joie, s'il eût fallu couler ensemble au
milieu d'une victoire d'Aboukir ou de Trafalgar. »
Puis, après quelques moments d'un silence doulou-
reux, il saisit le cordage, s'élance dans la mer et
vient gagner le canot à la nage.

Un bateau resta encore en station près du navire
incendié, pour recueillir ceux qui voudraient tenter
d'échapper à la mort. Un seul fut sauvé par ce
moyen. Mais la Providence veillait sur ces pauvres
insensés. Chassés par les flammes, ils se réfugièrent
sur les haubans, et quand les mâts s'écroulèrent, ils
se tinrent encore accrochés à ceux-ci au-dessus de
l'abîme ! Le Ciel fit un miracle en leur faveur. *La
Caroline*, allant d'Egypte à Liverpool, aperçut l'explosion à une très grande distance, et le capitaine
Bibbley, homme plein d'humanité, faisant force de

voiles dans la direction du vaisseau incendié, sauva
ces pauvres gens qui semblaient voués à une mort
certaine.

A bord du brick sauveur *la Cambria*, la douleur
la plus affreuse ou une joie délirante remplissaient
les cœurs. Epouses sans maris, enfants sans pères,
mères, pères sans enfants, qui peindrait dignement
vos déchirantes pensées? qui rendrait l'amertume de
vos regrets? Familles réunies après tant d'heures
d'agonie et d'attente si pleines d'anxiété, quelle
plume serait assez éloquente pour dire vos indicibles
joies? Dieu seul les sait, ces joies et ces douleurs, et
seul aussi il donne aux unes leur suavité céleste,
comme il ôte aux autres leur amertume.

A peine le dernier bateau avait atteint *la Cambria*, que les flammes, maîtresses déjà du pont supé-
rieur du *Kent*, montèrent avec la rapidité de l'éclair
jusqu'au haut de la mâture. Tout le bâtiment alors
ne forma plus qu'une masse de feu, dont le ciel
semblait embrasé et dont l'éclat se réflétait au loin.
Les pavillons de détresse continuaient à flotter au
milieu des flammes; enfin les mâts qui les supportaient s'écroulèrent tour à tour; le feu gagna le
magasin à poudre, et les débris d'un des plus
beaux navires d'Angleterre furent lancés au loin
avec un épouvantable fracas.... Puis après, la nuit,
l'obscurité, le silence, et à bord de la *Cambria*
une morne et muette stupeur, suspendirent un

moment toute douleur et tous regrets particuliers.

Le capitaine Cook, commandant *la Cambria*, et tout son généreux équipage comblèrent de soins les malheureuses victimes de l'incendie du *Kent*, et s'oublièrent eux-mêmes pour ne penser qu'aux besoins des infortunés qu'ils avaient recueillis ; et si l'exiguité du bâtiment condamna ceux qui avaient déjà tant souffert à des souffrances nouvelles, au moins n'y eut-il aucunement de la faute de leurs généreux sauveurs.

Le capitaine Cook, dans le désir d'abréger ces souffrances qu'il ne pouvait empêcher, lutta de tout son pouvoir contre la violence du vent, et pressa tellement la marche de son navire, que le jeudi 3 mars, à minuit et demi, on jetait l'ancre dans le port de Falmouth.

La charité vint là encore au secours de la misère des incendiés et pourvut à tous leurs besoins. Les naufragés du *Kent*, le capitaine à leur tête, rendirent à Dieu de publiques et solennelles actions de grâces. Eux aussi, eux surtout, sauvés du feu et des eaux, pouvaient bien s'anéantir devant la toute-puissance suprême, et répéter du fond d'un cœur plein de reconnaissance : Dieu seul est grand !

CHAPITRE XVI

Incendie du navire américain *le Sir Walter-Scott*, en pleine mer, près la Caroline du Sud.

Ce doit être un horrible spectacle que celui d'un incendie en pleine mer! Brûler au sein de l'élément qui ordinairement combat et sait vaincre celui qui vous dévore, voir la mort s'approcher et ne pouvoir s'y dérober par la fuite, quelle agonie! quel supplice! Dans un sinistre de cette nature, que de morts doit endurer le cœur avant que le corps cesse de vivre!

On l'éprouva, cette agonie lente et cruelle, à bord du *Sir Walter-Scott*, beau navire américain, construit seulement depuis deux ans, et qui avait coûté vingt-deux mille dollars.

Le vaisseau, chargé de mille sept cent quatre-vingt-quatorze balles de coton, faisait voile de la

Nouvelle-Orléans pour Liverpool, et y conduisait trois passagers, dont une dame, mistress Hamilton.

En descendant le golfe Stream, il s'éleva un grand vent du sud-ouest. La mer était fort mauvaise. Dans la matinée du 30 juin, vers huit heures, la foudre tomba sur le vaisseau avec un tel fracas qu'il semblait que les cieux fussent ébranlés. On était alors à la hauteur de Charlestown, ville de la Caroline du Sud.

Le capitaine et les trois passagers étaient dans leurs cabines. Mistress Hamilton s'élança sur le pont frémissante de terreur, et le capitaine l'y suivit en si grande hâte qu'il n'avait pas pris le temps de mettre ses souliers. Le tonnerre avait brisé l'un des mâts, était tombé sur le gaillard d'avant au moment où les matelots déjeunèrent, les avait dispersés après avoir tout renversé autour d'eux, et avait complètement rasé *le Walter Scott* de l'avant à l'arrière et dans l'entrepont.

Le coup avait été si violent et si soudain qu'il tint un moment le vaisseau suspendu au sommet d'une vague. Tandis que la frayeur remplissait toutes les âmes, un cri sinistre vint augmenter l'effroi de tous: « Au feu! au feu! au feu! » Quels cris au milieu des fureurs de la tempête! Ils furent plus forts que le mugissement des vents; ils dominèrent le bruit des vagues, et l'écho dut les porter au loin. Ils réveillèrent les matelots presque privés de leurs sens par la commotion électrique ; quant aux passagers, ils avaient perdu la tête, à l'exception de mistress Hamilton, qui avait gardé toute son énergie.

Il y avait à peine six ou huit minutes que le tonnerre était tombé, et toute la cargaison, à l'avant et à l'arrière, était déjà en feu. La grande chaloupe était remplie de divers articles et ne pouvait être lancée à l'instant. Le capitaine descendit, saisit un pistolet, et, remontant sur le pont, « Matelots, s'écria-t-il, vous ne m'avez jamais abandonné dans le danger, je compte sur vous aujourd'hui. Feu sur le premier qui ne fera pas son devoir. Videz la grande chaloupe... à flot le canot!... Allons, allons, ou dans dix minutes nous voyons l'éternité. »

Mistress Hamilton, les cheveux en désordre, se tenait debout près du capitaine Clarcke, exhortant les matelots du geste et de la voix. Relevant le courage de tous, elle semblait un ange envoyé du haut des cieux pour dire aux mortels d'espérer en la divine miséricorde.

Les matelots, le maître à leur tête, obéissent avec promptitude, stupéfaits et du danger qui les menace et du courage que déploie dans ce danger une jeune et faible femme. La chaloupe est prête ; elle est à flots sur l'Océan qui mugit autour d'elle. Le navire roule horriblement... ses mâts plient sous les efforts de la tempête... les flammes le dévorent sur tous les points... Mais la courageuse mistress Hamilton a

gagné la chaloupe, elle y est arrivée saine et sauve,
et le capitaine s'écrie : « Dieu soit loué ! »

Une partie de l'équipage prend place dans la chaloupe, l'autre dans un canot, où s'élancent le capitaine et le maître, quand il ne reste plus qu'eux sur
le pont tout en flammes. « Tout est perdu, dit le
capitaine Clarcke en jetant un triste regard sur le navire incendié, mais la vie nous reste; Dieu nous la
sauve ! et maintenant disputons-la à la tempête. »

Ce canot avait à peine pris le large que les mâts
à demi brûlés tombèrent par-dessus bord, et que
les flammes atteignirent toute la sublimité de leur
horreur. Le tonnerre grondait, les éclairs sillon-
naient la nuée, et les frêles embarcations bondissaient
sur les vagues écumantes à la merci des flots.

Au bout de cinquante minutes, un jet de flamme
éclaira tout l'horizon, et le navire s'abîma dans le
sein des vastes mers. « C'en est fait du brave *Sir
Walter-Scott !* » dit mistress Hamilton avec douleur.
Le capitaine poussa un profond soupir, et leva vers
le ciel un de ces regards du cœur qui disent à
Dieu : Que votre volonté soit faite !

Les pauvres barques marchèrent de conserve
toute la journée et toute la nuit suivante, se diri-
geant vers la côte, et toujours battues par les vents.
Les incendiés avaient peu de provisions, et l'avenir
leur apparaissait plus triste encore que le passé.
Au point du jour, le capitaine aperçut une voile

dans l'ouest. « Maître, s'écria-t-il, allez seul au bâtiment qui est en vue, et faites de votre mieux pour qu'on nous reçoive. »

Le canot partit à l'instant et atteignit bientôt le navire. C'était *le Saladin*, capitaine Humphries ; il mit en panne, et, peu après, la grande chaloupe abordait le vaisseau libérateur.

Tout le monde fut pris à bord, et une généreuse hospitalité consola bientôt les tristes hôtes du *Walter-Scott*. Mistress Hamilton, dont les matelots autant que le capitaine exaltaient la force d'âme et le courage, reçut de tous ceux qui montaient *le Saladin* le tribut d'admiration et de louanges dont la vertu se défend en vain, et qui lui est toujours payé, même par ceux qui l'outragent en ne suivant pas les devoirs qu'elle prescrit.

Le capitaine Clarcke fut débarqué à Norfolk avec ses passagers et son équipage. Il avait tout perdu sur son bord. Quinze mille dollars s'y étaient trouvés engloutis ; c'était toute sa fortune.

Les habitants de Norfolk voulurent ouvrir une souscription en sa faveur ; mais il refusa leur offre, tout en éprouvant la plus vive gratitude pour leur géréreuse bienveillance. Il vendit ses deux embarcations, et paya, avec l'aide de quelques amis, toutes ses dépenses personnelles et celles de ses matelots. En arrivant à New-York, il n'avait plus que dix dollars, qu'il offrit généreusement à mistress Hamilton.

Pendant les horribles scènes qui accompagnèrent l'incendie du *Sir Walter-Scott*, le capitaine Clarcke montra la plus grande intrépidité et le plus courageux sang-froid. Les âmes semblables à la sienne peuvent lutter contre les sinistres ordinaires ; mais quand la main de Dieu lance la foudre sur un navire et le submerge, ces âmes se résignent et adorent.

CHAPITRE XVII

Si la soif de l'or, les projets de l'ambition, le désir d'augmenter pour ses enfants chéris la part de fortune donnée par la Providence, donnent à l'homme le courage de braver la mer et ses écueils, les vents et leurs furies, les naufrages et la mort qu'ils entraînent à leur suite, de plus nobles motifs donnent à des âmes de choix la force de quitter aussi famille, patrie, amis, parents, et d'affronter tous les périls d'une navigation longue et pénible.

Pour ces hommes de foi, ce n'est pas l'espoir de découvrir une île, une terre qui portera un jour leur nom ; ce n'est pas le désir de s'enrichir ou de se couvrir de gloire, qui enflamme et soutient leurs nobles courages. Pacifiques triomphateurs, ils marchent à la conquête des âmes ; pour en sauver une seule, chacun d'eux donnerait avec joie sa vie, car cette âme a coûté le sang et la vie d'un Dieu.

Aussi c'est avec une joie pure qu'ils embrassent pour la dernière fois un père, une sœur, une mère, un ami, un frère qu'ils ont vénérés, chéris depuis l'enfance, et qui pleurent en recevant ces adieux. Ils saluent d'un soupir d'amour la patrie dont le sol disparaît à leurs yeux ; et quand la vaste mer qui fuit sous leurs pieds, le pavillon des cieux qui se déploie sur leurs têtes, forment le seul spectacle qui s'offre à leurs regards, ils chantent l'*In manus tuas, Domine...* et bénissent ce Dieu si grand d'avoir accepté leur dévouement et leur sacrifice.

C'est l'immolation d'une de ces victimes de la charité qui va faire le sujet de cette courte relation.

Une flotte française, composée des vaisseaux *le Saint-Paul, la Vierge, le Taureau, le Bon-Port* et *l'Aigle-Blanc*, arriva heureusement le 3 mars 1665 en vue du cap Vert (1), et aussitôt quatre chaloupes chargées d'officiers, de soldats et de matelots voguèrent vers la côte, ou plusieurs nègres les attendaient.

____

(1) Le cap Vert est situé sur la côte occidentale de l'Afrique, entre le Sénégal et la Gambie.

Quand ces chaloupes furent arrêtées à plus de six toises de la terre par les sables de la basse-mer, les nègres se jetèrent dans l'eau avec un tel empressement pour transporter les Français au rivage , que les matelots n'eurent pas le temps de rendre ce service et furent, au contraire, obligés de le recevoir.

Les nègres témoignèrent beaucoup de joie de l'arrivée de la flotte. Ils firent entendre que leur alcade ou vice-roi aimait les Français et recevrait bien volontiers leur visite.

L'amiral Véron et M. de Resmefort, escortés par douze fusiliers, se firent conduire dans un village éloigné de six cents pas environ. Cent cases rondes, terminées en pointe, composaient ce village. Chaque case était environnée d'une double palissade de branches de palmier avec une petite cour à l'entrée. Celle de l'alcade était beaucoup plus grande que les autres.

Les Français trouvèrent ce vice-roi assis au milieu de cette cour d'entrée. C'était un beau nègre, d'environ quarante ans, bien fait, à la contenance grave et fière. Sa tête était couverte d'un turban de coton blanc et bleu, et ses épaules d'une sorte de tapis. Un autre pièce d'étoffe, connue sous le nom de *pagne*, attachée à sa ceinture, dépassait ses genoux. Ses jambes et ses bras étaient nus : un morceau de cuir lui tenait lieu de sandales.

Ses officiers étaient autour de lui, à terre, les

uns étendus, les autres assis sur leurs talons. Le principal d'entre eux, nommé Jean Amsterdam, âge de quatre-vingt-huit ans, se tenait accoudé sur les genoux de son maître.

L'alcade reçut gravement, et sans quitter sa sellette, les civilités des Français, qu'il leur rendit avec la même gravité. Ceux-ci lui présentèrent un flacon d'eau-de-vie ; il en but largement, et son premier officier suivit si bien son exemple qu'il en restait à peine pour le troisième auquel on passa la liqueur. Le vice-roi demanda, comme droit d'ancrage de chaque chaloupe, six bouteilles d'eau-de-vie, six aunes de toile et une barre de fer, qu'il obtint sans difficulté.

Avant la fin de l'audience, il arriva près de l'alcade cinquante de ses principaux officiers, armés de piques, de sabres et de flèches. Cette arrivée imprévue causa quelque défiance aux Français ; mais les plus prudents engagèrent les autres à cacher leur émotion, que rien d'ailleurs ne vint justifier.

Tandis que l'amiral rendait visite à l'alcade, une scène bien affligeante se passait sous les yeux des Français restés à bord. Plusieurs passagers et quelques matelots du *Taureau* descendirent dans la chaloupe pour se rendre à terre et visiter l'intérieur du pays. M. Bossordée, un des deux missionnaires qui se trouvait sur le vaisseau, accompagnait ces jeunes gens. Ils étaient au nombre de trente.

Pendant le trajet, quelques-uns des passagers s'étant poussés imprudemment, la chaloupe, trop surchargée d'un côté, fut prise d'une vague en travers et renversée dans les flots. M. Letourneur, lieutenant du *Taureau*, jetait des filets près du rivage, lorsqu'un coup de canon tiré à son bord lui fit abandonner cet amusement ; il vit le pavillon en berne, une chaloupe assez éloignée la quille en haut, des barils qui flottaient, et des hommes à la nage, dont quelques-uns s'efforçaient de gagner la terre, tandis que les autres retournaient vers le bâtiment.

Alarmé du danger de ces malheureux, le lieutenant se hâta de retourner à bord. On avait envoyé au secours et les chaloupes du navire et des canots conduits par des nègres. Ces bâtiments arrivèrent au lieu du naufrage assez à temps pour sauver encore dix-huit Français ; mais il en périt douze, et avec eux Jean Amsterdam, le conseiller, le favori de l'alcade.

Ce pauvre vieillard, ayant entendu nommer, comme faisant partie de l'escadre, le capitaine Kerkadiou, qu'il connaissait, n'attendit pas la fin de l'audience pour venir le voir. Ils renouvelèrent connaissance à bord du *Taureau*. Le vieillard avait bu de l'eau-de-vie outre mesure, et il revenait ivre quand la chaloupe fut renversée.

Deux traits de générosité signalèrent ce naufrage. Un jeune Français, nommé Planson, habile nageur,

voyant près de lui un de ses amis qui ne savait pas
nager, oublia son propre péril pour le secourir, et
lui dit de s'attacher à ses habits ; mais les forces lui
manquèrent, et il périt avec son ami, victime de
son généreux dévouement.

Un autre Français, nommé Giron de la Marti-
nette, fut plus heureux dans sa générosité. Un jeune
enfant de dix ans allait périr à ses yeux ; il le prit
d'un bras, et, nageant de l'autre, il le monta sur la
quille de la chaloupe renversée. Ensuite, lui ayant
recommandé de se laisser tourner par le mouvement
de la vague et de ne pas quitter le bois qu'on ne le
vînt prendre, il se remit lui-même à la nage ; son
adresse et sa force lui firent atteindre un canot. A
peine y était-il que, ce frêle bâtiment lui paraissant
surchargé de cinq hommes qui s'y trouvaient déjà,
il ne balança point à s'élancer encore dans la mer,
pour nager bien loin vers le rivage ; il eut le bonheur
d'aborder à terre. Une chaloupe y amena bientôt aussi le pauvre enfant, dont la vie rendit longtemps témoignage à la générosité de son libérateur.

De tous ceux qui furent victimes de ce triste événement, aucun n'excita des regrets plus vifs que
M. Bossordée. Ce missionnaire s'était fait aimer par
ses manières affables, son zèle et son évangélique
douceur. Au retour des chaloupes, lorsqu'on fut
certain qu'il avait disparu au fond des eaux, le deuil

fut universel dans toute la flotte ; il semblait que chacun eût perdu un père ou un frère ; les échappés du naufrage augmentèrent encore les regrets de sa perte en rapportant les circonstances de sa pieuse mort.

Le saint missionnaire n'était pas d'abord de la partie de ceux qui descendirent dans la chaloupe pour aller à terre ; mais quand il sut que leur projet était de passer plusieurs jours sur le côte, il s'offrit de lui-même de les accompagner, autant pour contenir ces jeunes gens, imprudents et légers pour la plupart, que pour leur administrer en cas de besoin les secours spirituels. Cette partie avait été faite le jeudi saint, et M. Bossordée voulait être à même de leur rappeler la solennité des jours qu'ils choisissaient pour se livrer au plaisir, dans l'espoir que cette pensée réveillée en eux leur serait salutaire.

La chaloupe était à peine renversée, et ceux qui la montaient se trouvaient à peine livrés aux flots, que cet homme apostolique et tout rempli de l'esprit de son saint état résolut de sacrifier sa vie pour sauver celle des autres ou pour leur procurer au moins l'inestimable bienfait d'une mort chrétienne.

Vigoureux et habile nageur, il ne se sert de ses avantages que pour le salut des malheureux qu'il voit près de périr. Il s'élance au milieu d'eux, élève la tête et leur crie à tous de recommander leur âme au Dieu des éternelles miséricordes : « Souvenez-vous,

leur dit-il avec force, que, dans ces jours de deuil,
Jésus-Christ est mort en expiation des péchés des
hommes : repentez-vous sincèrement des vôtres; je
vais vous en donner l'absolution. »

Il la donna, en effet, avec des paroles si touchantes,
il mit dans cet acte solennel tant d'effusion de cœur,
une foi si vive brillait dans ses regards, que tous en
furent pénétrés. Il se tourna ensuite vers ceux qui
lui paraissaient perdre courage ou les forces, et,
allant de l'un à l'autre, il les soutenait d'une main,
nageait quelques instants avec eux, et les exhortait à
ne pas se laisser aller au désespoir et à se confier en
la miséricorde divine.

M. Bossordée continua pendant plus de deux
heures cette sublime mission. Enfin ses forces lui
faisant défaut, il donna encore l'absolution à ceux
qui se trouvaient à sa portée, et, collant ses lèvres
sur un petit crucifix qu'il portait toujours à son cou,
il disparut pour toujours !

Ainsi périt ce pieux ouvrier du Seigneur, au milieu des travaux de son ministère de paix et de salut.
Au récit de cette mort précieuse, les larmes recommencèrent à couler avec plus d'abondance ; il semblait que M. Bossordée était seul victime de ce
désastre ou que seul il fût à regretter.

M. de Monmasson, qui montait avec lui le même
vaisseau, et dont il avait été l'ami et l'élève, fut
tellement affecté de cette mort qu'il resta évanoui

pendant une heure. En exprimant ses regrets de l'avoir perdu, il ne désirait plus que de pouvoir rendre les derniers devoirs au corps de son ami et de mourir d'une mort aussi glorieuse que la sienne. Le premier de ses vœux fut rempli le même jour, le second ne le fut que plusieurs années après : les Algériens l'attachèrent à la bouche d'un canon !

Quelques heures après le retour des chaloupes, on aperçut dans l'éloignement, à peu de distance du lieu du naufrage, un corps qui flottait sur l'eau. Plusieurs matelots furent envoyés pour le recueillir : c'était celui de M. Bossordée !

Il avait gardé l'attitude qu'il avait prise dans ses derniers moments : une de ses mains était posée sur sa poitrine ; ses lèvres glacées n'avaient pas quitté le crucifix. Les restes de ce digne prêtre furent reçus à bord du vaisseau avec tous les sentiments de la vénération la plus profonde et de la douleur la plus vraie. Presque tous les passagers et les matelots lui baisèrent les pieds et les mains en les arrosant de leurs larmes. Ses vertus et son dévouement héroïque furent longtemps le sujet des conversations à bord du *Taureau*, et son souvenir resta en bénédiction parmi les témoins de son zèle et de la fin glorieuse dont Dieu daigna le récompenser.

Les siècles passent, mais la religion catholique, immuable comme son Auteur, reste, et produit

toujours de ces martyrs du zèle et de la charité, qui
sont sa gloire et son orgueil.

Il y a quelques années, sur les côtes d'Afrique
encore, un navire sombrait aussi, et la mort comp-
tait ses victimes. Comme à bord du *Taureau*, il se
trouvait sur le *Caïman* un jeune missionnaire au
cœur ardent et pur, à la foi sincère et active.
M. Tisserand avait quitté une famille chérie, des
espérances d'avenir et de nombreux amis, pour aller
porter la lumière de l'Evangile aux peuplades en-
dormies dans les ténèbres de la vie éternelle. Un
Juif, pauvre aveugle dans les routes du salut, avait
été l'objet de la sollicitude du pieux missionnaire;
il lui parlait de ce Jésus, toujours attendu par les
fils d'Israël et qu'ils ont mis à mort; il lui disait
ses miracles, sa divinité, se résurrection glorieuse.
Le Juif écoutait; cette doctrine contraire à la
croyance paternelle l'étonnait sans doute, mais ne
l'irritait pas.

Tout à coup la tempête éclate. A sa voix majes-
tueuse se joint celle de l'ouvrier évangélique dont
le péril redouble la foi. Les vents se déchaînent,
les horreurs de l'éternité malheureuse s'apprêtent
pour les incroyants et les pécheurs. Pour M. Tisserand, il y aurait peut-être une chance de salut,
mais l'enfant de sa charité ne la partageait pas; il
ne laissera pas se perdre une âme qu'il peut sauver.
Vienne la mort du corps, vienne le martyre de

l'amour divin, la victime est prête, elle ne reculera pas devant le sacrifice.

Le saint prêtre s'attache au Juif encore irrésolu; il le presse, il l'exhorte avec toute l'éloquence que donne une conviction sincère et profonde. Tous deux vont périr.... L'éternité séparera-t-elle ceux qu'une même mort va conduire aux pieds du souverain Juge? Non. Le zèle du missionnaire a trouvé grâce pour l'ennemi de la croix, et l'élément qui sera leur tombe commune, sera le temple, le baptistère où s'accomplira la régénération de l'enfant d'Abraham.

Il est chrétien! les anges ont inscrit son nom nouveau dans le livre de vie, et le jeune prêtre se présente aux portes éternelles avec la conquête qui lui a coûté ce que l'homme a de plus précieux après le salut : la vie.

M. Tisserand avait préludé à son apostolat par toutes ces vertus douces et pieuses qui font chérir les personnes qui les sanctifient par la religion. Je l'ai connu exerçant, dans une paroisse de Paris, l'humble et sublime fonction de catéchiste. Son zèle ne se rebutait ni de la grossière ignorance des enfants, ni du peu de fruit que rendait une terre aride et mal cultivée. Sa douceur et sa piété répandaient un charme inexprimable sur ses exhortations simples et pleines de précision. Une mère dont il confessait la jeune et pieuse enfant, lui dut des pensées de conversion et de salut qu'elle n'a point oubliées, et que le martyr sans doute rendra efficaces par ses prières dans le ciel, où il possède la plénitude de cette charité qui faisait sur la terre ses plus chères délices.

FIN

TABLE

—

CHAPITRE I

Côtes d'Afrique.

CHAPITRE II

Côtes d'Afrique.

CHAPITRE III

Côtes d'Afrique.

CHAPITRE IV

Côtes d'Afrique.

CHAPITRE V

Côtes d'Afrique.

CHAPITRE VI

Côtes d'Afrique.

CHAPITRE VII

Côtes d'Afrique.

CHAPITRE VIII

Indoustan.

CHAPITRE IX

Indoustan.

CHAPITRE X

Indoustan.

CHAPITRE XI

Archipel.

CHAPITRE XII

Archipel.

CHAPITRE XIII

Terre - Neuve.

CHAPITRE XIV

CHAPITRE XV

CHAPITRE XVI

CHAPITRE XVII